Dile no!

MANUAL DE
PREVENCIÓN
DE ADICCIONES

ALEJANDRO JAVIER OTERO

cesarini hnos
EDITORES

Otero, Alejandro Javier
Dile No : manual de prevención de adicciones / Alejandro Javier Otero. - 1a edición especial - Buenos Aires : Cesarini Hnos., 2021.
154 p. ; 22 x 15 cm.

ISBN 978-950-526-157-4

1. Prevención de Adicciones. I. Título.
CDD 362.29

Sarmiento 3213 1º A - C1196AAI
Ciudad Autónoma de Buenos Aires - Argentina
www.cesarinihanos.com
info@cesarinieditores.com
cesarinihnoseditores@ gmail.com

I.S.B.N. Nº 978-950-526-157-4

Primera edición: abril de 2021

Hecho el depósito que marca la ley 11.723
Impreso en la Argentina - *Printed in Argentina*

ÍNDICE

PRÓLOGO

GABRIELA AZAR

En una mente desordenada,
como en un cuerpo desordenado,
el sonido de la salud es imposible.

CICERÓN

Tal como Cicerón lo manifiesta en su frase, el tema de las adicciones debe ser abordado con suma precaución en vistas a la promoción y al cuidado de la salud. Se trata de una problemática que se presenta con la complejidad para ser abordada en su integralidad.

Conocer las características de cada una de las drogas y sus efectos respecto de lo que puede causar en las personas, nos fortalece en vistas a buscar las ayudas necesarias para salir adelante. Sin dudas, se trata de una problemática sumamente extendida y que lleva en muchos casos a la muerte.

Trabajar y estudiar estos temas en profundidad y, principalmente, en las instituciones educativas, es un desafío crucial para la mejora de las conductas y la instalación de la promoción de hábitos saludables para evitar los usos, abusos y adicciones. En esta línea, este libro realiza aportes a un problema complejo desde una enfoque interdisciplinario para su comprensión.

Es muy valioso contar con información sistematizada que permita conocer efectos a corto plazo, efectos a largo plazo, cómo saber si alguien consume, cómo afecta al organismo y algunas consideraciones valiosas en términos de practicidad e impacto social.

Además, se dedica específicamente un capítulo para poder brindar consejos para padres, docentes y adolescentes.

Con respecto a los adolescentes y jóvenes, es fundamental formarlos para que logren actitudes de cuidado y responsabilidad sobre la salud propia y la de los demás. Se trata también de generar conciencia sobre la responsabilidad de cada individuo, los grupos, las instituciones y el Estado como garantes del derecho a la salud.

Por otro lado, la mirada preventiva se debe desarrollar interpelando concepciones y prácticas en distintos ámbitos y contextos tanto formales como informales de la educación. Considero que el tema de la prevención de adicciones en un problema complejo que como sociedad tenemos que abordar de manera articulada y mancomunada. En este marco, es esencial conocer la temática para poder actuar en las líneas correspondientes.

Sin dudas, un tema esencial en el campo de la adicciones es la promoción y el fortalecimiento de la formación en valores. La salud y la vida son pilares centrales sobre los que podemos trabajar para dar respuestas y encontrar reflexiones válidas respecto de las adicciones.

La palabra "prevenir" deriva de la palabra latina *praevenire* y significa evitar la presencia de un daño. En este sentido, los mayores esfuerzos deben enfocarse en evitar el inicio en el consumo de cualquier droga. Es decir, se trata de formar personas sanas e íntegras.

En 1987, la Asamblea General de la Organización de las Naciones Unidas (ONU) estableció el día 26 de Junio de cada año como el "día internacional de lucha contra el uso indebido y el tráfico ilícito de drogas". Sin embargo, sería valioso que no sólo ese fuera el día para dedicarse al abordaje de esta problemática. Es importante que la formación en valores, la promoción de hábitos saludables sean temáticas habituales que estén presentes en las propuestas formativas en todos los niveles del sistema educativo, tanto en la educación formal como en la no formal.

En este punto, destaco la centralidad de la propuesta de este manual, que no solo brinda información concreta y clara sobre las distintas drogas, sino que además ofrece un capítulo específico que incluye consejos para padres, docentes y adolescentes. Apuesto a que el abordaje de la problemática de las adicciones requiere de un trabajo muy fuerte a nivel familiar. Por ello, las familias deberían recibir un apoyo para poder considerar la temática de manera integral.

Otro aspecto central para la prevención de adicciones, es la de los encuentros intra e intergeneracionales. En esta línea, la adopción de estilos de vida saludables puede promoverse desde la interacción con otros, estableciendo relaciones interpersonales que contribuyan al desarrollo personal y social.

En síntesis, *"Dile No" Manual de prevención de adicciones*, es un recurso sumamente enriquecedor para poner en el centro de la escena la temática de la prevención de adicciones. Se trata, en conclusión, de un libro que nos orienta a clarificar y sistematizar conceptos e ideas potentes para avanzar en la consolidación de hábitos saludables y valores bien arraigados, con bases sólidas y proyección en el cuidado de la vida y de la salud personal y social.

Los invito a leer con entusiasmo y compromiso este interesante libro.

INTRODUCCIÓN

La búsqueda de la estética, los modelos de éxito, de poder fácil, han desplazado a la preocupación por la salud, es en esta carrera desenfrenada de competitividad e impersonalidad en la que el hombre consume cada vez más alcohol, tabaco, y en donde sobreviven otras adicciones más peligrosas.

Allá por el año 1986 empecé a preocuparme por el tema de la prevención de adicciones, por mi paso en la Provincia de Buenos Aires, comenzamos a ver chicos que se iniciaban en fumar una hierba que en ese momento recién se empezaba a conocer que se trataba de marihuana; pero el poder político de turno, no le dio mucha importancia al tema, aunque se comenzaban a ver grupos de jóvenes en las esquinas fumando esa sustancia que tenía un fuerte olor; en las familias se empezaban a ver cambios de hábitos en sus hijos pero nadie lo asimilaba con esa droga.

Los años pasaron y algunos comenzaron a preocuparse, eran padres que luchaban por salvar a sus hijos de esa enfermedad, pero el Estado no daba hasta el momento elementos de ayuda a esas familias, pero sí otros ámbitos de la sociedad comenzaban a ayudar, entre ellos la iglesia.

Luego esto se profundizó, y ya comenzaba una nueva era de las adicciones, ingresa al país la cocaína, una sustancia más cara, pero más adictiva que la marihuana, entonces los niveles de consumo comenzaron a subir y con ellos se empezaba a engendrar la violencia, el dinero no alcanzaba para comprar la marihuana, entonces muchos de los consumidores comenzaron a salir a robar, y la venta se tornó más complicada, por lo que los que vendían comienzan a utilizar métodos más sofisticados, ya que ahora sí la policía comenzaba a combatirlos en su propio territorio.

Ese seguimiento por medio de las fuerzas de seguridad, comenzó a dejar ver la gravedad del problema, que no eran casos aislados sino que en realidad ya estaba establecido el narcotráfico en nuestro país. Desde el Estado se ha tratado de minimizar diciéndonos que se trataban de hechos puntuales.

El paso de los años, nos ha hecho ver que la problemática de las adicciones no fue tratada con la seriedad que se debería haber hecho, hoy nos damos cuenta que en Rosario, que es la ciudad con mayor problemática de narcotráfico, están instalados carteles, que los grupos argentinos, poseen conexiones con los carteles de México y de otros lados, se sabe que desde el puerto de Rosario han salido gran cantidad de cargamentos, pero se sigue diciendo que nuestro país es un país de tránsito.

En cambio la realidad nos deja ver que en las villas más conocidas del país se han detectado cocinas, entonces esto nos permite afirmar que ya estamos produciendo drogas, pero parecería que, a los gobernantes de turno, no les importa, ya que siguen minimizando los efectos del narcotráfico, a nadie le llama la atención que aparezcan en algunos lugares inversiones monstruosas, que nadie sabe o nadie quiere saber de dónde proviene ese dinero.

La realidad de nuestro país nos dice que en muchas oportunidades muchos políticos son mencionados o tildados, de tener conexiones con los miembros de grupos de narcotráfico, entonces la gente ya no tienen confianza en ellos, por eso es que buscan salidas de ayuda en las entidades intermedias, apoyándose en la iglesia, en las sociedades de fomentos, en grupos de padres , en los docentes, pero siguen teniendo desconfianza en la policía a la que le costara mucho volver a conseguir que la gente tenga confianza en ellos.

Cuando alguien habla o acusa mostrando relaciones entre personas (personajes) y el narcotráfico en nuestro país, se los trata de locos, se los trata de desacreditar, por eso es esencial que la gente comience a relacionarse y crear vínculos con todos los estamentos de la zona en donde viven y crear sus propios planes para apoyar y ayudar a sus hijos a salir de este problema.

No nos olvidemos de las palabras del Papa Francisco, que nos dijo:

- El narcotráfico viene cobrándose la vida de millones de personas, va acompañada de la trata de personas, de lavado de activos, tráfico de armas, de la explotación infantil y de la corrupción.
- El narcotráfico es una guerra asumida y pobremente combatida.

Por eso debemos tratar de refundar la familia como eje central de la vida, ya que nuestros padres deben ser nuestro apoyo para tomar decisiones en nuestra vida, debemos revalorizar la educación, el rol del docente y de la escuela, ya que es nuestro segundo hogar, no nos olvidemos que los maestros pasan varias horas del día con nuestros hijos, debemos tener un sistema adecuado de salud para poder brindar apoyo a todos los que necesiten ayuda para salir de esta problemática, y que nuestros gobernantes asuman que el narcotráfico está instalado en nuestro país y que debemos combatirlo con todo el rigor de la ley.

Tengamos en cuenta que nuestros hijos son el futuro de nuestro país debemos enseñarles a convivir en un mundo libre de drogas, que puedan tomar sus decisiones sin la ayuda de ninguna sustancia, y que de esta manera al reducir el consumo, reduciremos también la violencia que hoy es otro de los problemas que nos aqueja como sociedad.

Esperemos que con este trabajo te pueda aportar los elementos para que puedas reconocer las drogas, entender un poco la problemática, y ver en qué forma en otros lugares del mundo se combate este flagelo.

CAPITULO 1

RESEÑA HISTÓRICA DE LAS DROGAS

Sabemos que desde épocas antiguas el hombre ha buscado en la naturaleza especialmente en el reino vegetal, obteniendo elementos que calmen el dolor, que mitiguen el cansancio, que combatan el insomnio, entonces fue que se descubrieron los efectos de las hojas de coca, los hongos alucinógenos, el uso de la dormidera y de muchas otras plantas.

Pero el hombre moderno perfeccionó el empleo de estos vegetales y creo una gran variedad de productos químicos para encontrar lo mismo que el hombre primitivo, obteniendo efectos placenteros, lograr la disminución del dolor o la evasión de una realidad que satisface, recordemos que el acercamiento a las drogas obedece a complejos factores sociales y culturales que unidos a privaciones emocionales, poca resistencia a las frustraciones, perturbaciones emocionales y familiares, aislamiento búsqueda del placer ofrecen condiciones para el abuso del consumo y tráfico ilícito de las mismas.

El hombre moderno perfeccionó el empleo de estos vegetales y creo una gran variedad de productos químicos para encontrar lo mismo que el hombre primitivo,...

En la década de los 60 el programa de la droga-dependencia aumentó de modo alarmante como fenómeno social juvenil debido al incremento de consumidores, empleándose entonces estimulantes especialmente anfetaminas y marihuana.

En la década de los 70 y 80 se advierte un progresivo consumo de drogas ilícitas, observándose la disminución de la edad de inicio quizá no haya área de la actividad humana que por su implicancia e impacto social requiera sin dilaciones la cooperación internacional como el problema del abuso habitual de drogas, descuido, abandono y corrupción, en una parte del mundo pueden representar una gran catástrofe en el sentido de la miseria, tanto moral como económica, así como síntomas evidentes de involución social en otras zonas del globo.

Enfocado con realismo puede afirmarse que las vidas y el bienestar de cientos de miles de personas jóvenes, en muchas naciones dependen de la eficaz regulación e inspección del tráfico de drogas.

Sabemos que los antiguos Incas ya mascaban la hoja de coca, pero con la sola finalidad de quitar el cansancio para poder trabajar y no sentir la fatiga de la altura, esta costumbre de mascar la hoja de coca para evitar el apunamiento se mantiene en nuestro país en las zonas de Salta y Jujuy conociéndose como COQUEO.

Sabemos que los antiguos Incas ya mascaban la hoja de coca, pero con la sola finalidad de quitar el cansancio para poder trabajar y no sentir la fatiga de la altura

Además los indios en los EE.UU. fumaban la PIPA DE LA PAZ, la que consistía en fumar los botones del peyote y la mezcalina, mientras sus efectos duraban no había problemas, pero cuando los mismos se retiraban comenzaban nuevamente los conflictos.

En relación a los hongos, en nuestro país es conocido el CUCUMELO, que es un hongo que sale debajo de la materia fecal del cebú y con la humedad, tiene un fuerte efecto alucinógeno.

Las aplicaciones terapéuticas del opio, eran ya conocidas por los egipcios en el siglo XV a.C. durante el periodo grecoromano el opio fue la droga de mayor importancia en medicina utilizándose por sus propiedades hipnóticas y analgésicas, es decir de provocar el sueño y de mitigar el dolor; una referencia al opio parece encontrarse en la odisea de homero, escrita en el siglo IX a.C., los fumadores de opio hacen su aparición en Europa hacia fines del siglo XVIII este hábito por cierto tiene un origen desconocido, si bien las autoridades en la materia han indicado que su entrega en China procede desde Java y Taiwán por el este y de India por el oeste, como la importancia del opio creció en forma alarmante, los emperadores de China dictaron un edicto en el que prohibían su uso e importación.

La ejecución de esta orden resultó en gran parte inútil hasta que en 1839 el gobierno chino exigió la entrega de todo el opio que estuviera almacenado en los barcos de naciones occidentales que estuvieron anclados en Cantón, esta medida dio por resultado una gran tensión internacional que condujo a la guerra entre China y Gran Bretaña conociéndose como la primera GUERRA DEL OPIO (1840-1842), finalizando el conflicto con la derrota de los chinos, los ingleses obligaron al gobierno de China en el tratado correspondiente a establecer el puerto de HONG-KONG que bien pronto se convirtió en el centro del tráfico del opio.

El tráfico del opio siguió floreciendo y multiplicándose hasta los albores del siglo XX cuando un edicto imperial prohibió en forma progresiva el

La ejecución de esta orden resulto en gran parte inútil hasta que en 1839 el gobierno chino exigió la entrega del todo el opio que estuviera almacenado en los barcos de naciones occidentales que estuvieron anclados en Cantón, esta medida dio por resultado una gran tensión internacional que condujo a la guerra entre China y Gran Bretaña conociéndose como la primera GUERRA DEL OPIO (1840-1842)...

cultivo de la adormidera del opio y el uso de esta droga, esta droga dejó a China una secuela de 70 millones de adictos y les llevó tres décadas erradicar esta epidemia con una legislación muy dura con pena de muerte, prohibición del consumo, del cultivo y un tratamiento de los enfermos.

Los problemas de adicción al uso del opio se complican en 1905 al aislarse la morfina la que lleva el nombre en recuerdo a MORFEO, el dios griego del sueño, produce sensación de euforia, luego somnolencia, obnubilación mental y cambios del estado de ánimo, las personas que abusan de la morfina suelen tener alteraciones emocionales marcadas que las condicionan para este tipo de adicción.

Los problemas de adicción al uso del opio se complican en 1905 al aislarse la morfina la que lleva el nombre en recuerdo a MORFEO el Dios griego del sueño

Hace ya varios años que las naciones llegaron a la conclusión de que sus respectivos destinos como nación, y como pueblo, están íntimamente interrelacionados formando cada una de ellas el eslabón de una larga cadena, fue así que en el año 1908 el presidente de los EE.UU. Theodore Roosevelt, reclamó por el problema de las adicciones y a su instancia se convocó a 13 naciones entre las que se encontraban AUSTRIA, CHINA, GRAN BRETAÑA, ALEMANIA, HOLANDA, FRANCIA, PERSIA, PROTUGAL, JAPÓN, ITALIA, HUNGRÍA, RUSIA y el propio EE.UU. como resultado se obtuvo en el año 1909 la Comisión Internacional del Opio, la que dictó varias resoluciones, sin carácter obligatorio y aconsejó la disminución gradual de fumar el opio, con la debida consideración a las diversas circunstancias que imperan en cada uno de los países interesados.

El reconocimiento de que era necesario contar con tratados que estipulen la obligatoriedad colectiva de las naciones, condujo a la conferencia de La Haya celebrada entre 1911 a 1912, la que dictaminó que la regulación internacional del tráfico de drogas era un asunto que competía al derecho internacional, dictaminándose las leyes correspondientes para que resultaren validas las medidas al respecto, de ahí que surgieron los principios para la regulación o control de tal tráfico, principios que fueron tomados como fundamento para los posteriores tratados y que aun mantienen su validez y que son:

1. Un sistema de diligencias o permisos para todas las fases del negocio de los narcóticos (elaboración, ventas por mayor, ventas de detalle, exportación e importación).
2. La obligación de mantener los datos respectivos de todas las personas ocupadas en el comercio de narcóticos.
3. Prevención de la posesión no autorizada.
4. Restricción a las actividades comerciales así como del consumo legal y con fines terapéuticos.
5. La cooperación individual y colectiva en la lucha contra el tráfico ilícito.

Así fue que en 1920 se fundó la Liga de las Naciones y en ese convenio pidió la cooperación internacional en la lucha contra el tráfico de narcóticos, ese año se formó el primer organismo internacional para regular los narcóticos ASESOR DEL TRÁFICO DE OPIO Y OTRAS DROGAS PELIGROSAS, así que entre los años 1924 y 1925 en Ginebra tuvo lugar la Conferencia Internacional del Opio

...en 1920 se fundó la Liga de las Naciones y en ese convenio pidió la cooperación internacional en la lucha contra el tráfico de narcóticos, ese año se formó el primer organismo internacional para regular los narcóticos ASESOR DEL TRÁFICO DE OPIO Y OTRAS DROGAS PELIGROSAS, así que entre los años 1924 y 1925 en Ginebra tuvo lugar la Conferencia Internacional del Opio en donde concurrieron 36 países...

en donde concurrieron 36 países, su objetivo fue llegar a un acuerdo en cuanto a las cantidades de morfina, heroína, cocaína y sus sales derivadas que debían elaborarse además fijar la cantidad de opio y hojas de coca que podrían importarse para fines medicinales y científicos a pesar de las negociaciones no se llegó a ningún acuerdo.

En el año 1936 se estableció la Convención para la Supresión del Tráfico Ilícito de Drogas Peligrosas

Luego siguió la Convención para la Limitación del Uso de Narcóticos de 1931 lo que aplicó regulaciones a todas las fases comprendidas entre la fabricación y el consumo de las drogas producidas en todo el mundo, dicho acuerdo fue considerado como un acontecimiento en el campo de la cooperación internacional por primera vez una industria era regulada con un plan de alcance mundial que tuvo como fundamento la cooperación voluntaria de las naciones.

En el año 1936 se estableció la Convención para la Supresión del Tráfico Ilícito de Drogas Peligrosas y en la cual se determinó:

1. Seguir el procesamiento de los delitos cometidos en el extranjero relacionados con el trafico de drogas.
2. Extraditar a los traficantes de drogas.
3. Instituir procesamiento para todas las formas de participación en el tráfico ilícito de drogas.
4. Castigar con pena de prisión severa a los traficantes.
5. Considerar la posibilidad de establecer correspondencia directa en relación al tráfico de drogas entre los tribunales y los cuerpos policiales de diferentes naciones sin

necesidad de apelar a canales diplomáticos.

6. Crear una oficina central de policía que podría ser idéntica a la oficina para la administración especial de drogas narcóticas establecidas con antelación en cada país, esta convención no fue ampliamente aceptada por la comunidad de naciones.

Poco después de la segunda guerra mundial (1939-1945) se hizo evidente que las drogas narcóticas de origen sintético constituían un grave problema en relación a las adicciones

Cuando desaparece las Liga de las Naciones sus funciones son absorbidas por las Naciones Unidas y la Organización Mundial de la Salud, esto se llevó a cabo mediante el protocolo de 1946 la Comisión de Asuntos Sociales y Económicos de las Naciones Unidas estableció la Comisión de Drogas Narcóticas, que es la sucesora del Comité Asesor del Opio de la Liga de las Naciones.

Poco después de la Segunda Guerra Mundial (1939-1945) se hizo evidente que las drogas narcóticas de origen sintético constituían un grave problema en relación a las adicciones, fue entonces que en el año 1948 la comisión de narcóticos de las naciones unidas, empezó a codificar las leyes internacionales sobre narcóticos, estos empeños fueron los que arribaron en la culminación de la Convención Única Sobre Estupefacientes celebrada en el año 1961, el mismo reemplazaba a todos los demás existentes hasta la fecha de promulgación, algunos puntos salientes de la misma pueden ser:

1. La producción (cosecha), elaboración, importación, exportación, comercio, distribución, consumo y posesión de ciertas

drogas quedan reservados exclusivamente para fines terapéuticos.

2. El suministro de estupefacientes que obtiene cada país mediante su fabricación e importación debe quedar limitado a las cantidades necesarias para su uso terapéutico con fines científicos.

3. Las oficinas o agencias encargadas de la administración nacional de estupefacientes están sujetas a la inspección y la autoridad de los organismos ad-hoc.

...en el año 1971 se realiza la Convención de Sustancias Psicotrópicas, que trascendió de las preocupaciones tradicionales de la comunidad internacional para la fiscalización de la oferta y necesitaba dictar políticas directrices para la reducción del polo de la demanda en lo atinente a la prevención, asistencia y rehabilitación de los toxicómanos...

La convención única de 1961 fue ampliada en su regulación internacional por la convención de 1971.

La organización internacional que interviene en la guerra contra las drogas es el fondo de las naciones unidas para el control de la farmacodependencia UNFDAC, sus programas están dirigidos a reducir la oferta y la demanda de estupefacientes ilegales, apoyando los proyectos de desarrollo rural, relacionados con cultivos de los mismos, fortaleciendo el control de drogas y estimulando las investigaciones, dicho organismo es financiado con las contribuciones voluntarias de fuentes públicas y privadas y los EE.UU. están alentando a otras naciones para que aumenten el apoyo del programa.

En el avance mundial en la fabricación de distintas drogas sintéticas que no fueron contempladas en la convención de 1961 llevó a la conferencia de Naciones Unidas a la adopción de nuevas medidas tendientes a mejorar la salud de la humanidad dado los problemas sanitarios y sociales que origina el uso indebido, de ciertas sustancias psicotrópicas por tal motivo en el año 1971 se realiza la Convención de Sustancias Psicotrópicas, que trascendió de las preocupaciones tradicionales de la comunidad internacional para la fiscalización de la oferta y necesitaba dictar políticas directrices para la reducción del polo de la demanda en lo atinente a la prevención, asistencia y rehabilitación de los toxicómanos, bajo estos preceptos se celebró en Viena del 17 al 26 de junio de 1987 la Conferencia Internacional sobre el Uso Indebido y el Tráfico Ilícito de Drogas, esta conferencia se divide en dos partes:

1. Declaración de la conferencia internacional sobre el uso indebido y el tráfico ilícito de drogas.

2. Plan amplio y multidisciplinario de actividades futuras en materia de fiscalización del uso indebido de drogas.

Y la misma se orienta en los siguientes aspectos:

A. Prevención y reducción de la demanda.

  1. Desarrollar metodologías e instituir sistemas para evaluar de modo comprobable la incidencia y la tenencia del uso indebido de drogas.

  2. Diseñar y ejecutar las medidas necesarias para reducir drásticamente la demanda ilícita mediante técnicas y programas adecuados.

B. Control de la oferta.

Diseñar y ejecutar las medidas necesarias para reducir drásticamente la demanda ilícita mediante técnicas y programas adecuados.

1. Alentar los aportes de las instituciones financieras internacionales y de los gobiernos cuando sea posible destinadas a la ejecución de programas y proyectos de actividades de desarrollo rural integrado, inclusive los programas de erradicación y sustitución de cultivos y proseguir las investigaciones científicas en esferas conexas.
2. Desarrollar y aplicar los procedimientos necesarios para eliminar la oferta ilícita de precursores específicos y demás materiales necesarios para la fabricación de estupefacientes y sustancias psicotrópicas e impedir la desviación de los productos farmacéuticos hacia el mercado de las drogas ilícitas.

Mejorar la difusión de información entre los organismos de represión nacionales e internacionales, especialmente en lo referente a los perfiles y métodos de actuación de las organizaciones que se dedican al tráfico de drogas...

c. Eliminación del tráfico.

1. Elaborar instrumentos o acuerdos bilaterales y de otra naturaleza para la mutua prestación de asistencia jurídica, la cual podría comprender entre otras cosas si correspondiera la extradición y detención, la congelación y decomiso de activos para ampliar la cooperación internacional jurídica o policial en esa esfera.
2. Mejorar la difusión de información entre los organismos de represión nacionales e internacionales, especialmente en lo referente a los perfiles y métodos de actuación de las organizaciones que se dedican al tráfico de drogas, y seguir desarrollando la cooperación interna-

cional, financiera, técnica y operacional en la investigación y la capacitación a funcionarios.

D. Tratamiento y rehabilitación.

1. Desarrollar, promover, evaluar técnicas eficaces de tratamiento de rehabilitación.
2. Proporcionar a los profesionales de la salud y a los trabajadores de la atención primaria, información y capacitación acerca del uso médico apropiado de estupefacientes y sustancias psicotrópicas.

También tenemos otras variedades de drogas entre las cuales se puede mencionar el éxtasis, a fines de 1984 y principios de 1985 el rumor del nuevo elíxir mágico barrió los EE.UU. prometiendo aliviar las dolencias emocionales de la vida, conocida como XCT o ADAM, pero si bien ya en 1960 existía en el mercado no tuvo éxito por la existencia del LSD que era más fuerte, algunos memoriosos aseguran que el científico Alexander SHULGIN, fue contratado por la CIA para crear un suero de la verdad, pero luego de realizar las investigaciones creó el ÉXTASIS, y fue así que en 1962 registró por primera vez los efectos del MDMA y ha escrito largamente sobre el tema, pero también debemos tener en cuenta que el laboratorio MERK en Alemania había sintetizado el MDMA en 1914 como un fantástico depresor del apetito, pero nunca fue manufacturado por los potenciales efectos de la droga.

En 1953 el ejército de los EE.UU. en forma secreta probó el MDMA bajo el nombre de EA-1457 como agente experimental en su arsenal de EDGEWOOD en Maryland aunque nunca se probó en humanos, se probó en monos y perros, provocándoles convulsiones y muerte al proporcionarles dosis elevadas de ÉXTASIS.

En 1953 el ejército de los EE.UU. en forma secreta probó el MDMA bajo el nombre de EA-1457 como agente experimental en su arsenal de EDGEWOOD en Maryland aunque nunca se probó en humanos, se probó en monos y perros, provocándoles convulsiones y muerte al proporcionarles dosis elevadas de ÉXTASIS.

En el año 1970 un grupo de empresarios científicos de california se dispusieron a fabricar MDM creando el laboratorio MARTYI COUNTRY, donde se discutieron cuestiones de marketing y nombres de venta del producto, poniéndosele ÉXTASIS, ya que era fácil de recordar por los usuarios.

Debido a que en los años de locura de ÉXTASIS, se registraron 500 casos de crisis relacionados con el MDMA, el 1 de julio de 1985 la D.E.A colocó el MDMA en la lista 1 del acta de sustancias controladas junto con la HEROÍNA, LSD, COCAÍNA, y otras drogas que considera tienen alto porcentual de abuso, y sin estándar de seguridad aceptado por la FOOD and DRUG

Esta droga no fue colocada por la DEA, como sustancia ilegal por lo que el laboratorio distribuía la droga y advertía a las claras que no era aconsejable mezclar éxtasis con otras drogas o con alcohol, en el año 1976 el laboratorio distribuía 10.000 dosis por mes y en 1984 ascendió a 30.000 dosis y a fines de 1985 ya había trepado a la suma de 1.500.000 y se podría encontrar en todos los EE.UU. y Canadá y las zonas de mayor concentración, eran CALIFORNIA, TEXAS, FLORIDA, NEW YORK y NUEVA INGLATERRA, asimismo aseguran que la distribución a nivel internacional abarcaba PORTUGAL, ESPAÑA y parte de Sudamérica, debido a artículos publicados por los medios, las calles norteamericanas se vieron atiborradas de personas que deseaban conseguir la droga, por lo que los vendedores callejeros con sed de ganancias, comenzaron a comercializar distintas drogas como si fuera éxtasis, ya que la demanda era mayor de lo que la producción podía abarcar así fue que el PCP se vendía en CHICAGO, como éxtasis, el MDA se comercializaba en Nueva York y en todos los EE.UU. se disfrazaban otras drogas como éxtasis, incluyendo la ENFEÍNA, LSD, EFEDRINA, DOM.

Debido a que en los años de locura de ÉXTASIS, se registraron 500 casos de crisis relacionados con el MDMA, el 1 de julio de 1985 la DEA colocó el MDMA en la lista 1 del acta de sustancias controladas junto con la HEROÍNA, LSD, COCAÍNA, y otras drogas que considera tienen alto porcentual de abuso, y sin estándar de seguridad aceptado por la FOOD and DRUG, ese mismo día la DEA clausuró los laboratorios de Florida y Texas y los distribuidores de estos se retiraron voluntariamente del mercado legal, pero el tercer laboratorio al ver el movimiento de las autoridades norteamericanas, intentó mudarse a MÉXICO, pero fue interceptado y coartado su intento de radicarse en el país azteca, a partir de allí la comercialización del éxtasis paso a ser ilegal.

Otras drogas que podemos establecer fechas fehacientes de su consumo son el OPIO, los sumerios en el año 4000 a.C. ya utilizaban el opio y los chinos ya en el año 618 lo usaban como medicina siendo introducido en China por los árabes.

Otras drogas que podemos establecer fechas fehacientes de su consumo son el OPIO, los sumarios en el año 4000 a.C. ya utilizaban el opio y los chinos ya en el año 618 lo usaban como medicina siendo introducido en china por los árabes.

La morfina fue descubierta en el año 1806 y luego fue sintetizada en el año 1952 por primera vez.

La heroína fue descubierta en el año 1898.

Los Hipnosedantes: en el año 1864 se descubrió un producto combinado, ÁCIDO MALÓNICO con UREA, la que se bautizó con el nombre de ÁCIDO BARBITÚRICO y en 1903 se sintetizaron la BARBITONA o ÁCIDO DIETILBARBITÚRICO y la denominaron VERONAL, y en 1912 aparecieron la FENOBARBITONA y la ALOBARBITONA.

Los ansiolíticos aparecen en 1950 los mismos se denominaron tranquilizantes menores o Ansiolíticos, el primero de ellos fue el MEPROBANATO y luego lanzan la GLUTEMIDA.

En relación al alcohol el mismo es probablemente la primer droga que se haya utilizado, los egipcios ya registraban al alcohol como bebida intoxicante y anestésica y en el año 3000 a.C. existen referencias del uso del alcohol en China.

Los estimulantes, las anfetaminas, ya se habían utilizado en la segunda guerra mundial en los soldados para disminuir la fatiga de los mismos.

El LSD fue descubierto en el año 1943 y en el año 1958 el Dr. Hoffman aisló lo que se llamó PSILOCIBINA.

El LSD fue descubierto en el año 1943 y en el año 1958 el Dr. Hoffman aisló lo que se llamo PSILOCIBINA.

La marihuana apareció en las riberas del GANGES de 7 a 5.000 años a.C. y llegó a México en la época de la conquista.

Con esta breve reseña hemos observado que el uso de las drogas no es un problema que existe recién desde estos tiempos sino que desde la antigüedad ya generaban los problemas que hoy conocemos con más vehemencia ya que nuestros enemigos al ver que nuestra fe flaquea desean llegarnos por todos lados, circunstancia que debemos evitar apoyando a nuestros hijos.

CAPITULO 2

CONOCIENDO LAS DROGAS

ALCOHOL

ORIGEN: Fermentación

COLOR: Varios

PRINCIPIO ACTIVO: Alcohol etílico

FORMA DE PRESENTACION: Bebidas

NOMBRE DE LA CALLE: Alco

ORIGEN: Mundial

CONSUMO: Se bebe

EFECTOS A CORTO PLAZO

- Incremento funciones intelectivas y motoras
- Debilitación de pautas inhibitorias
- Excitación
- Sentirse bien
- Contento
- Pleno de confianza

EFECTOS A LARGO PLAZO

- Ganas crecientes de afrontar peligros
- Proeza temeraria
- Puede perder el control
- Hace actos que traen graves consecuencias
- Inconvenientes cardio-vasculares
- Menoscabo de la memoria
- Marcadas alteraciones, afectividad
- Se pone grosero, vil
- Gastritis crónica
- Alteraciones hepáticas
- Disminución potencia sexual
- Atrofia testicular
- Disturbios intestinales

¿CÓMO SABEMOS SI ALGUIEN CONSUME?

- Ojos enrojecidos
- Olvido de interés propio
- Desinterés por el trabajo
- Reacciones brutales
- Reacciones violentas
- Puede llevar a cometer delitos sexuales

¿CÓMO QUEDA EN EL ORGANISMO?

El organismo absorbe el alcohol aumentando su concentración en la sangre en forma progresiva, el período de absorción está calculado entre 30 y 40 minutos se distribuye en el organismo en forma irregular, sus vías de absorción son:

1) Estómago 20%
2) Duodeno 42%
3) Yeyuno 20%
4) Ielon 18%

Como su absorción es rápida y total al incorporarse al torrente sanguíneo no hay órgano que no escape a su acción:

ESTÓMAGO: Provoca una acción cáustica e irritante sobre la mucosas que aumenta el MUCUS, y el ácido clorhídrico perjudicando la función digestiva hasta producir gastritis crónica.

SISTEMA NERVIOSO CENTRAL: Es el mayor afectado por su acción deprime las funciones cerebrales elevadas y luego afecta las simples.

HÍGADO: una ingesta prolongada provoca cirrosis.

APARATO REPRODUCTOR: Lesiona las células del individuo que intervienen en la procreación y es causa tanto de infertilidad como de impotencia sexual, consumiendo en el período de gestación provoca malformación fetal, es absorbido por la placenta, y llega al feto en esta etapa las probabilidades de dar hijos muertos es de 8 en 1, respecto de los que ingieren.

Como mito el alcohol se dice que CALIENTA EL CUERPO, siendo que en verdad es justamente opuesto, pues al hacer que aumente la transpiración provoca perdida de calor del organismo, y como es obvio al poco tiempo se siente frío.

Con 1 o 2 copas se afecta el área de la región de la prudencia, la inteligencia y la memoria.

Con 3 o 4 copas hay pérdida de autocontrol, del discernimiento y del juicio.

Con 5 o 6 copas se alteran los sentidos.

Con 7 u 8 copas hay deterioro de la coordinación y el equilibrio.

Con 9 o 10 copas sufren los centros vitales (coma alcohólico).

CLASES DE BEBEDORES

- **ALCOHÓLICOS:** Presentan dependencia socio-cultural y psicofísica hacia el alcohol.
- **BEBEDORES EXCESIVOS:** Ingestión del alcohol es habitual supera el litro de vino.
- **BEBEDORES MODERADOS:** Ingieren habitualmente 3 veces por semana una cantidad menor al litro.
- **ABSTEMIOS:** No consumen alcohol y si lo hacen no superan las 5 veces al año.

ALCOHOL Y MEDICAMENTOS

Las drogas que pueden afectar al conductor son muchas ejerciendo sobre él tantos efectos deseados terapéuticos como otros no deseados (colaterales), entre los fármacos que pueden producir tales efectos "no deseados" se citan antihistamínicos, la insulina (trastornos diabéticos), antirreumáticos, jarabes para la tos, y antidiarréicos, pues contienen derivados sintéticos de la morfina y la codeína, entre otras drogas como las indicadas para el tratamiento de la GOTA, vasodilatadores cerebrales, antihipertensivos, sulfamidas, también pueden afectar al conductor, si algunas de las mencionadas (por ejemplo sedantes), se combinan con el consumo de alcohol se produce una alteración de sus efectos ya sea en forma de adicción o potenciación esto quiere decir que el efecto combinado de ambas drogas es superior a la suma de los efectos individuales de cada una de ellas. Si bien en muchos casos los medicamentos producen sueño o embotamiento otros tienen un efecto contrario como la cafeína, teofilina, presentes en las infusiones de las bebidas cola, a su vez los anti-depresivos pueden ocasionar hipotensión arterial, y visión borrosa, algunos de ellos combinados con las cervezas, vino, café, producen en el contrario crisis hipertensivas y también ha sido posible observar temblores, fatigas, convulsiones, sensibilidad de deslumbramiento en las incompatibilidades con el alcohol; sintetizaremos en:

1) **ANALGÉSICAS:** Aspirina, salicilatos, estos fármacos producen un aumento de la hemorragia gastro-intestinal, por lo que se recomienda evitar una combinación con el alcohol.

2) **ANTIANGINOSOS:** Trinitura, estos medicamentos pueden provocar hipotensión severa, no deben ingerirse en combinación con bebidas alcohólicas.

3) **ANTICOAGULANTES:** En los alcohólicos crónicos pueden ser necesario aumentar las dosis del fármaco, pues la presencia de alcohol en el organismo disminuye su acción.

4) **ANTI-DEPRESORES TRICÍCLICOS:** Estas drogas potencian la acción depresora central del alcohol, pueden provocar la muerte, como en el caso de los barbitúricos, resultan absolutamente incompatibles con la ingesta de alcohol.

5) **ANTIDIABÉTICOS ORALES:** En el alcoholismo agudo, estos fármacos potencian la acción hipogluceminante y son absolutamente incompatibles con la ingesta del alcohol.

6) **ANTI-EPILÉPTICOS:** En el alcoholismo crónico se acelera el metabolismo de la droga pudiendo presentarse convulsiones en tal sentido resulta necesario aumentar la dosis del anti-epiléptico.

7) **HIPERTENSORES:** Estos fármacos aumentan la hipotensión ortostática, por lo que resultan absolutamente incompatibles con la ingesta del alcohol.

ALGUNAS CONSIDERACIONES

1) El alcohol es la sustancia de abuso más frecuente, se consume, siendo un verdadero problema sanitario nacional, aún mayor que el de las drogas ilícitas.

2) Es la llave de ingreso, o la puerta de entrada a otras drogas, sustancias más peligrosas, resultando ser el elemento principal de las poliadicciones juveniles contemporáneas.

3) En la mayoría de los accidentes de tránsito, intervienen el consumo de bebidas alcohólicas, durante o antes del viaje.

4) Una sola ingesta de alcohol (más de 100 cc de alcohol absoluto), en una mujer durante los tres primeros meses del Embarazo, puede dañar el embrión ocasionándole el síndrome alcohólico fetal (SAF).

5) El alcohol es factor de conflictos entre las personas complicando las relaciones laborales y sociales hasta el punto de perder las amistades, la familia y el trabajo.

6) En magnitud del impacto social de la bebida problemática solo es superada por la enfermedad de Chagas y la desnutrición infantil.

7) El 80% de los menores de 12 años consumen alcohol.

8) Un quinto de la población consume alcohol (vino 30 litros por habitante al año).

9) El 40% de los internos de los institutos psiquiátricos son alcohólicos.

10) Entre el 35 y 64% de los conductores involucrados en accidentes de tránsito fatales han bebido antes del accidente, el alcohol actúa como depresor, disminuyendo considerablemente la coordinación, la visión, los reflejos y la claridad de pensamiento de los conductores debe recordarse que los efectos del abuso de alcohol, pueden prolongarse hasta 72 horas después de la última ingesta.

11) En la República Argentina se calcula que 1.800.000 individuos mayores de 15 años sufren de alcoholismo, con dependencia psicofísica y alrededor de 3.000.000 (10%) bebe en exceso, estas cifras corresponden en mayor proporción a hombres adultos pero año tras año se incrementa el número de menores y mujeres alcohólicas.

ANFETAMINAS

NOMBRE: Anfetaminas

COLOR: variados

PRINCIPIO ACTIVO: Distintos químicos

FORMA DE PRESENTACIÓN: pastillas

NOMBRE DE LA CALLE: anfeta, pepa, pepita

ORIGEN: Mundial

CONSUMO: Por vía oral o intravenosa

EFECTOS A CORTO PLAZO

- Vivaz
- Excitación
- Euforia
- Insomnio
- Hiperactividad
- Aparente agilidad mental

EFECTOS A LARGO PLAZO

- Irritabilidad
- Trastornos mentales graves (delirios de persecución)
- Pérdida del apetito (adelgazamiento)

¿CÓMO SABEMOS SI CONSUMEN?

- Insomnio
- Irritabilidad
- Pérdida del apetito

PERMANENCIA DE LA DROGA EN EL ORGANISMO

Se caracterizan por su marcada acción sobre el sistema nervioso central, por estimulación SIMPÁTICO-MIMÉTICA, actuando de varias formas sobre la conducta y la conciencia, cuando se ingesta en forma simultánea con antiácidos se potencian sus efectos que aparecen en 30 minutos si es suministrada por vía oral y a los 5 minutos si es inyectada.

A estas drogas se las considera capaces de producir efectos sobre las neuronas de la materia gris NEOCORTICAL, ya que las anfetaminas estimulan el sistema nervioso central mediante la intensificación de la NOREPRINEFINA a los producidos por la adrenalina en el cerebro llevando al corazón y a los sistemas orgánicos a funcionar a altas velocidades hay contracciones cardíacas aceleradas y aumento considerable de la presión sanguínea; inhiben el apetito.

CLORETILLO

NOMBRE: Cloretillo

COLOR: incoloro

PRINCIPIO ACTIVO: Cloruro de etilo

FORMA DE PRESENTACIÓN: Líquido - anestésico local

NOMBRE DE LA CALLE: clorete

ORIGEN: laboratorio

CONSUMO: inhalar

EFECTOS A CORTO PLAZO

- Euforia
- Excitatorio

EFECTOS A LARGO PLAZO

- También produce alteraciones en el comportamiento, siendo las más frecuentes agresividad, impulsividad y juicio alterado
- Se producen arritmias, depresión del sistema nervioso, asfixia, convulsiones, que pueden llevar al coma e incluso a la muerte súbita

¿CÓMO SABEMOS SI CONSUMEN?

Los efectos adversos más característicos son dermatitis de contacto, rojeces, ya que el intenso frío y la congelación pueden alterar la pigmentación e incluso producir quemaduras por frío, si se administra de forma excesiva.

COCAÍNA

NOMBRE: Clorhidrato de cocaína – Erytroxylon Cacae

COLOR: Blanco

PRINCIPIO ACTIVO: Clorhidrato de cocaína

FORMA DE PRESENTACIÓN: polvo

NOMBRE DE LA CALLE: La Blanca, polvo nieve, la buena

ORIGEN: Mundial

CONSUMO: Por vial oral o intravenosa

EFECTOS A CORTO PLAZO

- Locuacidad (hablar rápido y sin sentido)
- Reduce la fatiga, aumenta la agresividad, la lucidez y la viveza mental
- Euforia, excitación, irritabilidad
- Taquicardia y paro cardiorespiratorio como consecuencia de sobredosis
- Dilatación excesiva de las pupilas
- Los efectos son inmediatamente después de su uso y desaparecen a los minutos o en horas

Los primeros efectos son estar eufórico y alerta mentalmente en cuanto a las sensaciones de la vista, el oído y el tacto; también puede disminuir los deseos de comer y dormir.

La forma de administración de la cocaína determina el efecto inmediato de euforia, mientras más rápida la absorción más intensa es el high pero menor el tiempo del efecto de la droga.

Los efectos fisiológicos son contracción de los vasos sanguíneos, dilatación de pupilas, aumento de la temperatura corporal, en el ritmo cardíaco y en la tensión arterial, cuando aumenta el consumo de dosis se puede llegar a sufrir temores, vértigos, espasmos musculares, paranoia, y con dosis consecutivas una reacción tóxica muy similar al envenenamiento por anfetamina. En algunos casos la muerte súbita puede ocurrir cuando se usa cocaína por primera vez o subsecuentemente sin avisar, las muertes ocasionadas por la cocaína suelen ser ocasionadas por paros cardíacos o por convulsiones seguidas por un paro respiratorio.

EFECTOS A LARGO PLAZO

- Total descontrol, gran agitación y nerviosismo
- Trastornos mentales graves
- Perforación de tabique nasal
- Enfermedades cardíacas, infarto
- Fuerte adicción psicológica
- Deterioro de las funciones cognitivas (pensamiento, memoria, atención)
- Disminución de la capacidad sexual

PERMANENCIA DE LA DROGA EN EL ORGANISMO

La cocaína produce efectos placenteros y la razón por la que crea la adicción es un mecanismo a través de sus efectos sobre las estructuras profundas del cerebro.

¿POR QUÉ CONSUMEN?

- Porque los amigos lo hacen
- Porque quieren experimentar nuevas sensaciones
- Se sienten más valientes
- Creen que puede ayudarlos a escapar de los problemas de la casa
- Está ilustrada su imagen en camisetas y gorros

¿CÓMO SABEMOS SI CONSUMEN?

- Midriasis (pupilas dilatadas)
- Hipertermia
- Excitación
- Temblores
- Vómitos
- Dolor abdominal
- Padece insomnio
- Picaduras

SE USA COMO MEDICAMENTO

En el siglo pasado la cocaína fue objeto de una serie de estudios muy esperanzadores dentro de la medicina en 1750 fue extraída por primera vez de la hoja de coca, en 1859 ALBERTO VIEMAN extrajo el principio activo, al cual nombro cocaína, a fines del siglo pasado SIGMON FREUD estudió los efectos anestésicos de esta droga y fue utilizada en medicina hasta que se descubrieron sus efectos negativos y mejores anestésicos.

AFECTA AL BEBÉ DURANTE EL EMBARAZO

Hasta 1 en 10 bebés pueden estar expuestos a las drogas, ilegales pero un número mayor está expuesto a las drogas legales, como tabaco y alcohol, las drogas pasan directamente a través de la placenta de la madre al bebé, y pueden afectar la salud del bebé en cualquier momento del embarazo, aunque son sumamente nocivas a principios del mismo cuando los sistemas corporales principales del bebe se están formando.

Incluso después del nacimiento, las drogas, tomadas por la madre pueden ser pasadas a su bebé durante la lactancia.

La cocaína aumenta la posibilidad de dar a luz prematuramente un 25%, también puede causar que la placenta se separe del útero fetal, los nacidos de madres que usan cocaína, pueden crecer más lentamente y pueden ser irritables y exigentes, también pueden padecer síntomas de supresión después del nacimiento.

¿CÓMO AFECTA AL CEREBRO?

Uno de los temas neurales que parece ser más afectado por la cocaína es una región muy profunda del cerebro llamada el área ventral del segmento AVT, las células neuronas que se originan en la AVT se extienden a la región del cerebro conocida como NUCLEUS ACCUMBENS una de las áreas claves del cerebro relacionadas con el placer.

Asimismo se ha descubierto que cuando se está realizando un acto de placer las neuronas en el ASVT aumentan la cantidad de secreción de la dopamina en el NUCLEUS ACCUMBEN, es el proceso normal de la comunicación, una neurona segrega dopamina de la sinapsis (pequeña abertura entre dos neuronas), donde se liga con proteínas especificas (llamadas receptoras de dopamina), en la neurona adyacente y por lo tanto envía una señal a esa neurona, las drogas pueden interferir con este proceso normal de la comunicación, por lo que se ha descubierto que la cocaína bloquea la eliminación de la dopamina en la sinapsis lo que causa una acumulación de la misma, y dicha acumulación causa una estimulación contínua de las neuronas receptoras, lo que probablemente produce la euforia que reportan los usuarios de la cocaína.

Dicho abuso crea la tolerancia lo que significa que el cerebro va a necesitar una dosis cada vez mayor y más frecuente para obtener el mismo placer que cuando comienza a usar la dosis; en los últimos estudios establecieron que en los períodos de abstinencia del uso de la cocaína el recuerdo de la euforia va asociado solamente al uso y puede causar el deseo incontrolable de consumirla, y llevar a la reincidencia aún después de largos períodos de abstinencia.

ETILENO DE COCAÍNA

Cuando la gente que consume cocaína con alcohol agrava el peligro que presenta cada droga y sin saberlo hace un complejo experimento químico en su propio cuerpo, varios investigadores patrocinados por el N.I.D.A. han descubierto que el hígado humano cuando combina cocaína con alcohol fabrica una tercera sustancia el etileno de cocaína, que intensifica los efectos eufóricos de la cocaína y al mismo tiempo aumenta el riesgo de muerte repentina.

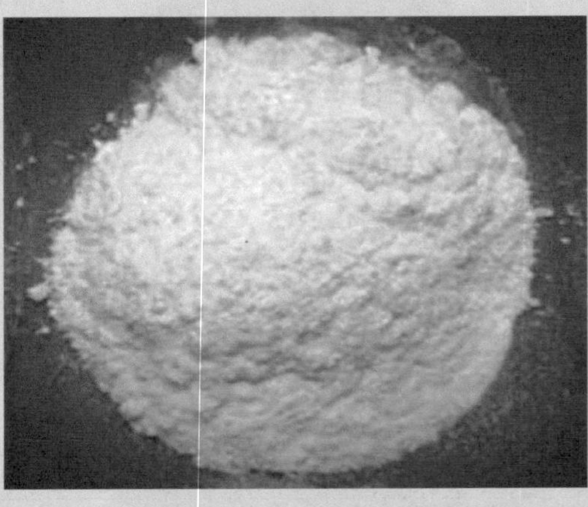

Polvo de clorhidrato de cocaína

Hoja de coca

ESTRAMONIO

NOMBRE: Estramonio

COLOR: variados

PRINCIPIO ACTIVO: *Datura stramonium*

FORMA DE PRESENTACIÓN: plantas

NOMBRE DE LA CALLE: estra

ORIGEN: vegetal

CONSUMO: Oral e inhalación

EFECTOS A CORTO PLAZO

- alucinaciones
- percepciones deterioradas
- convulsiones

EFECTOS A LARGO PLAZO

- cambios en la frecuencia de los latidos cardíacos
- fiebre y dificultad para respirar
- inquieto
- maníacos
- entrar en delirio
- sueño agotador

PERMANENCIA DE LA DROGA EN EL ORGANISMO

El estramonio tiene acciones anti colinérgicas, lo que significa que puede cambiar la frecuencia de los latidos del corazón, afectar la visión (incluyendo la dilatación extrema y prolongada de las pupilas), y el progresivo cese de material fecal a través de los intestinos. El estramonio debe ser evitado por personas con problemas del corazón, glaucoma, o intestino perezoso. Otras señales del cuerpo que indican que el estramonio debe ser evitado incluyen próstata agrandada, dificultad al orinar, acumulación de líquido en el tejido pulmonar y obstrucción que impide el movimiento de los alimentos desde el estómago. La substancia puede aumentar la presión sanguínea y la temperatura corporal durante el secado de las membranas mucosas. Las personas hospitalizadas después de la ingestión de estramonio han mostrado una cara enrojecida, reflejos exagerados además de otros reflejos consistentes con un veneno que actúa sobre el cerebro. Pueden existir cambios que involucran la protrombina (factor de coagulación de la sangre). Paranoia puede estar presente. Más de un informe sobre el estramonio describe a los usuarios con una frase como ésta: *"Ciego como un murciélago, caliente como una liebre, seco como un hueso, rojo como un tomate, loco como un sombrerero, el intestino y la vejiga pierden su tono y el corazón corre solo".*

¿CÓMO SABEMOS SI CONSUMEN?

- delirio alucinatorio

USO EN EMBARAZO

Las plantas del género datura son sospechosas de causar defectos de nacimiento en animales de granja. Los defectos de nacimiento no llegaron a ser más comunes en niños de 450 mujeres embarazadas que recibieron el componente atropina del estramonio. La misma carencia de efecto sobre las anomalías congénitas se observó en un número similar de embarazos después de que las mujeres utilizaron el componente escopolamina del estramonio, resultado que concuerda con un estudio hecho en roedores.

ÉXTASIS

NOMBRE: Drogas de diseño

COLOR: Varios

PRINCIPIO ACTIVO: Distintos químicos

FORMA DE PRESENTACIÓN: pastillas

NOMBRE DE LA CALLE: EVA, XTC, ADAM

ORIGEN: Laboratorio

CONSUMO: Vía oral

EFECTOS A CORTO PLAZO

- Se siente alerta la persona
- Sereno
- Amistoso
- Sociable
- Tiene sed
- Mayor sentido para las percepciones sensoriales
- Temperatura elevada del cuerpo
- Puede deshidratarse
- Alerta percepción del tiempo
- Capacidad de concentración
- Capacidad de coordinación
- Crisis de ansiedad

- Crisis de pánico
- Comportamiento impredecible
- Provocador
- Insomnio
- Falta de apetito
- Somnolencia

EFECTOS A LARGO PLAZO

- Trastornos neuropsicológicos o psiquiátricos permanentes
- Alteraciones de la memoria
- Trastornos afectivos
- Psicosis paranoica
- Alteraciones cardiovasculares
- Arritmia
- Colapso cardio vascular
- Náuseas
- Visión borrosa
- Movimientos oculares rápidos
- Desmayos
- Escalofríos
- Sudor
- Insuficiencia renal

¿CÓMO SABEMOS QUE CONSUMEN?

- Tiene sed
- Temperatura elevada del cuerpo
- Deshidratación
- Insomnio
- Arritmia
- Náuseas
- Visión borrosa

PERMANENCIA DE LA DROGA EN EL ORGANISMO

El consumo de éxtasis está asociado como causa de muerte; con dosis elevadas se han descripto la presencia de alucinaciones y psicosis agudas.

Produce distintos efectos, tensión muscular se traba la quijada involuntariamente, nauseas, vómitos, visión borrosa, desmayos, escalofríos y sudores, el éxtasis elimina la sensación de fatiga y es estimulante del sistema nervioso los consumidores toman generalmente pastillas a media noche genera tolerancia y el consumidor de todos los fines de semana tiende a tomar cada vez un poco más, muchos de los consumidores generalmente puede subir hasta 42 °C en una hora, hay que sumergir al paciente en hielo para bajarla, los jóvenes consumen con agua, pues el alcohol ayuda a la deshidratación.

La escuela de medicina de Toronto en Canadá encontró daños neurológicos severos en el cerebro de consumidores, el nivel de SEROTONINA, el químico del cerebro responsable de controlar los estados de ánimo, sueño, dolor, actividad sexual y el comportamiento violento era de un

50% menos que en el de las personas que nunca habían consumido drogas.

ANTE UNA CRISIS DE ANSIEDAD SE ACONSEJA

- Ir a un sitio tranquilo, fresco y salir a ventilarse
- Intentar tranquilizarse, pensar que lo que pasa puede ser efecto de la droga
- Respirar profundamente y lento
- Si el estado de ansiedad y de angustia no pasa rápidamente, se tiene que acudir al servicio de emergencias en forma inmediata
- Para que los médicos puedan actuar de la manera rápida y eficiente hay que explicar lo que se ha tomado y cuánto tiempo ha transcurrido desde la ingestión

EFECTOS

- Trastornos cardiacos, hipertensión, infarto, falla renal, convulsiones, lesiones hepáticas
- El golpe de calor puede matar
- Es importante que tengas la máxima información sobre lo que son las drogas éxtasis por sus consecuencias, si a pesar de todo, haz decidido tomarlas, antes de consumir es necesario que sepas que si tu experiencia al tomar drogas ha sido agradable, es fácil que quieras repetir, si empiezas a repetir el consumo de manera continuada, corres el riesgo de establecer el hábito o adicción, llegar a sentir la necesidad y por tanto el consumo deje de ser una decisión

G.H.B

NOMBRE: éxtasis líquido
COLOR: Incoloro
PRINCIPIO ACTIVO: gamma hidroxibutirato (GHB)
FORMA DE PRESENTACIÓN: líquido
NOMBRE DE LA CALLE: lanza perfumis
ORIGEN: Laboratorio
CONSUMO: Laboratorio

EFECTOS A CORTO PLAZO

- Estado de vigilia
- Euforia
- Embriaguez
- Pérdida control emocional
- Potencia la sensualidad y el calor emocional

EFECTOS A LARGO PLAZO

- Hipertensión
- Depresión
- Insuficiencia hepática

PERMANENCIA DE LA DROGA EN EL ORGANISMO

El GHB y sus metabolitos la butirolactona (GBL) y el 1,4-butanediol (BD) producen deterioro del estado mental y alteraciones sensoriales. Son sustancias psicotrópicas depresoras del sistema nervioso central que como tales se usan como una drogas lúdicas. En la cultura popular el GHB también se conoce como *éxtasis líquido* (sin que tenga relación con el éxtasis u otras sustancias anfetaminitas), líquido G o simplemente *G*.

La mezcla de efectos sedantes y excitantes del GHB producen una sensación de embriaguez, euforia, reducción de la ansiedad, somnolencia, pérdida del control motor, incrementa el calor emocional y la libido, afectando a las sensaciones táctiles y desinhibe socialmente al consumidor Los efectos del GHB suelen durar entre hora y media y tres horas, algo más si la dosis es alta o se ha mezclado con alcohol. Un estudio durante un brote de sífilis demostró que 61% de hombres homosexuales infectados reportaron el uso de GHB alegando que la droga les permitía olvidar sus inhibiciones cuando tenían sexo con extraños, permitiéndoles disfrutar sin preocupaciones un gran número de parejas sexuales. Así, los 23 individuos estudiados lograron tener cerca de 1500 parejas sexuales, casi todas anónimas, en el transcurso de 12 meses.

El consumo conjunto o después de tomar alcohol, o cualquier otra sustancia depresora o de metabolización hepática aumenta el riesgo de efectos adversos y sobredosis. Al estar el hígado ocupado metabolizando el alcohol se disminuye la capacidad de éste de metabolizar el GHB aumentando la concentración en sangre y además se potencian mutuamente sus efectos depresores sobre el sistema nervioso.

Generalmente la dosis con fines lúdicos es entre 500 mg y 3000 mg, correspondiente a aproximadamente 0.5 y 3 mil de líquido, si la concentración es de 1 gramo por 1 mil de H_2O (que no siempre es el caso). Esta concentración de 1g/mil del oxibato sódico o potásico es el doble de la de la solución de Xyrem (500 mg/mil) que se usa con fines médicos. Esta solución de GHB es incolora e inodora y con un sabor ligeramente salado y amargo. Las disoluciones del mercado ilegal son potencialmente más peligrosas porque nunca se sabe la concentración que llevan.

El GHB también se puede consumir indirectamente tomando sus precursores químicos como la *gamma*-butirolactona (GBL) y el 1,4-butanediol siendo el organismo el que los transforma en GHB. Estos dos compuestos son líquidos y se pueden encontrar puros o disueltos con otras sustancias que pueden aumentar su toxicidad. Con esta forma de consumo al tener que formarse el GHB se retrasa la aparición de sus efectos y también se dilata su duración. Se ha registrado también el consumo de ésteres precursores de GHB en zonas donde este es ilegal como el 1,4-diacetoxibutano, metil-4-acetoxibutanoato y etil-4-acetoxibutanoato. El 4-hidroxibutanal es el precursor natural del GHB, aunque como todos los aldehídos es un compuesto cáustico y de fuerte olor y sabor repugnante, por lo que su consumo es muy desagradable y produce fuertes náuseas y vómitos.

¿CÓMO SABEMOS SI CONSUMEN?

- Irritación nasofaríngea
- Visión borrosa
- Hipertensión

- Enuresis nocturna
- Disnea
- Apnea del sueño
- Desorientación
- Depresión
- Agitación
- Pérdida de memoria
- Insomnio
- Dolor de cabeza
- Vómitos
- Mareos

SE USA COMO MEDICAMENTO

El GHB ha sido utilizado como anestésico, como somnífero en el tratamiento del insomnio, para tratar la depresión y sirve para reducir el síndrome de abstinencia de los opiáceos y el alcohol. En Italia bajo el nombre comercial de Alcover (Código ATC N07BB) el GHB se ha usado en el tratamiento del alcoholismo (50-100 miligramos por kilogramo al día, dividido en 3 o más dosis), para evitar el síndrome de abstinencia agudo y también para la desintoxicación a medio y largo plazo.

El único uso habitual del GHB en la actualidad es en el tratamiento de la narcolepsia para reducir el número de ataques de cataplexia y la somnolencia, bajo el nombre comercial de Xyrem en los Estados Unidos. Los ensayos clínicos del Xyrem muestran una significativa reducción de los ataques de cataplexia usando una dosis de 6000–

9000 mg por noche. Esta es aproximadamente el triple de la dosis usada con fines recreativos, pero además todos los pacientes con narcolepsia del ensayo clínico eran estabilizados con estimulantes del sistema nervioso como el modafinil; en pacientes a los que no se les ha prescrito el modafinil esta dosis puede resultar peligrosa y debe ser reducida proporcionalmente. También se prescribe en este caso en la información de modo de empleo del Xyrem que debe tomarse una dosis inmediatamente antes de ir a la cama, y después una segunda toma 3–4 horas más tarde. La dosis máxima diaria no debe exceder de 4500 mg. Los pacientes con insuficiencia hepática que metabolizan peor el GHB requieren una medida menor, generalmente la mitad. La solución oral de Xyrem está estandarizada en una concentración de 500 mg Na.GHB / 1 mil de agua, tamponada a pH 7.5 con ácido málico.

El GHB también ha sido indicado para el alivio de los síntomas causados por la distonía mioclónica, una enfermedad hereditaria muy infrecuente que causa trastornos musculares y psiquiátricos.

DROGA DE VIOLACIÓN

Algunos países han registrado el uso del GHB como droga de violación, al igual que el alcohol y el Rohypnol. Al ser incoloro, inodoro y de sabor suave puede ser fácilmente enmascarado mezclado con cualquier bebida, generalmente alcohólica que potencia su acción... El propósito del delincuente sexual es sedar a la víctima para disminuir su resistencia o provocar la sobredosis que produce la pérdida total de conciencia de la víctima. Es difícil establecer la frecuencia exacta de los asaltos producidos así ya que el GHB tiene una vida corta y es difícil encontrarlo en una muestra de orina si ha pasado más de un día.

HACHÍS

NOMBRE: hachís

COLOR: marrón

PRINCIPIO ACTIVO: resinas comprimidas de la planta de cannabis

FORMA DE PRESENTACIÓN: pelotas o ladrillos

NOMBRE DE LA CALLE: hachi

ORIGEN: vegetal

CONSUMO: inyectable. Cigarrillos

EFECTOS A CORTO PLAZO

- Eufórico
- Somnoliento
- Mismo efecto sedante que el cannabis

EFECTOS A LARGO PLAZO

- Distorsión de tiempo y espacio
- Disminución de capacidad para aprender
- Disminución de capacidad para retener
- Distracción
- Problemas de aprendizaje
- Emociones fluctuantes

- Embotamiento de la atención a pesar de que la persona siente que él o ella tiene una visión especial
- Episodios psicóticos
- Fatiga
- Paranoia
- Reducción de la coordinación
- Daño pulmonar incluyendo bronquitis, tos y congestión por fumar

PERMANENCIA DE LA DROGA EN EL ORGANISMO

El hachís está compuesto de las resinas comprimidas de la planta del cannabis. El hachís puede ser extraído de la planta a través de procesos químicos o por medios mecánicos que quitan la resina desde el exterior de las yemas de la marihuana. El hachís se vende en bloques comprimidos, pelotas o ladrillos, y en el momento de llegar al consumidor, pueden ser pequeños cuadrados envueltos en papel de aluminio.

Tal vez a causa de la legalización de la marihuana con fines médicos en más de una docena de estados en los Estados Unidos, el cannabis tiene una reputación de ser bastante inofensivo. Por supuesto, los partidarios de la legalización de esta droga no hacen mención a sus efectos más dañinos.

El efecto más conocido del uso de hachís es el mismo efecto eufórico, somnoliento, sedante del cannabis. Pero junto con esto vienen una serie de otros efectos:

Distorsiones de tiempo y espacio. Debido a que una persona puede no darse cuenta de cuánto tiempo ha pasado o cuán rápido está viajando, conducir un coche es muy peligroso. El cannabis es la droga más común encontrada en los cuerpos de los conductores que mueren en accidentes, a veces en combinación con otras drogas o alcohol.

Estas distorsiones también hacen que sea difícil hacer deporte, lo que significa que cualquier persona que es atlética, no puede mantener el nivel de ejecución que tenía antes, si empieza a fumar hachís.

Una desmotivada actitud de "No me importa" es común entre los fumadores de hachís. Esta actitud puede llevar a una persona a renunciar a actividades e intereses que antes eran importantes para él, como que una persona joven renuncie a una educación universitaria o a una carrera.

La disminución de la capacidad para comprender lo que leen o escuchan, para resolver problemas o para concentrarse, que es común entre los fumadores de hachís, puede menoscabar la capacidad de cualquiera para completar una educación.

El hachís es adictivo, como lo es el cannabis. La adicción se presenta según pasa el tiempo y se emplea energía en adquirir y consumir la droga o en recuperarse de su consumo a pesar del daño que está haciendo a los objetivos de uno, a las relaciones, a la situación legal, a la salud, a las finanzas o a la vida en general.

El hachís puede ser muy adictivo tanto psicológicamente como físicamente. Se usa para aliviar el estrés o para eliminar la necesidad de abordar los problemas de la vida real. En cambio, sólo pueden disfrutar de la euforia, de la somnolencia y de la relajación.

¿CÓMO SABEMOS SI CONSUMEN?

- Delirio alucinatorio
- Desorientación
- Problemas de aprendizaje
- Emociones fluctuantes
- Embotamiento de la atención a pesar de que la persona siente que él o ella tiene una visión especial
- Episodios psicóticos
- Fatiga
- Paranoia
- Reducción de la coordinación
- Daño pulmonar incluyendo bronquitis, tos y congestión por fumar

USO EN EMBARAZO

Las mujeres que son consumidores crónicos de *hachís* durante el embarazo tienen un número mayor de lo normal de bebés muertos al nacer o una terminación temprana de su embarazo. Un alto porcentaje de bebés de mujeres que consumen cannabis mueren en los primeros días después de nacer, aunque las causas de este efecto aún no se conocen.

Entre los animales de ensayo a los que se les administró tetrahidrocannabinol (THC – el ingrediente intoxicante del cannabis) había más malformaciones del cerebro, de la médula espinal, del hígado y de las piernas, que entre los otros animales que no recibieron la droga. En algunas otras pruebas, hubo más defectos congénitos graves y defunciones fetales.

En la actualidad también empieza a parecer que el consumo de cannabis por cualquiera de los padres lleva a defectos de nacimiento específicos en las manos o en los pies del bebé. Las madres que consumen cannabis también tienen con mayor frecuencia bebés con bajo peso.

HEROÍNA

PRINCIPIO ACTIVO: Derivada de la leche del opio
FORMA DE PRESENTACIÓN: polvo
NOMBRE DE LA CALLE: Heroica
ORIGEN: Asia menor
CONSUMO: Se aspira, se inyecta y se fuma

EFECTOS A CORTO PLAZO

- Abscesos en la piel
- Problemas en las venas
- Escalofríos
- Nauseas
- Vómitos

EFECTOS A LARGO PLAZO

- Problemas respiratorios
- Combinada con alcohol provoca la muerte
- Disminución de memoria
- Trastornos afectivos
- Disminución de la actividad intelectual

PERMANENCIA DE LA DROGA EN EL ORGANISMO

Esta droga se inyecta por vía endovenosa o subcutánea, es semejante a la morfina, aunque es DE 5 A 10 veces más analgésicas, es depresora del centro respiratorio mas toxica, produce mayor adicción no es fácil de detectar en sangre, si bien los metabolitos son comprobables en orina pues se los excreta por vía renal, bajo la forma de glucoromidos solubles en agua, quienes consumen ven disminuida su memoria, su actividad intelectual se deteriora y se suceden trastornos afectivos, y oníricos, con dosis superiores a las que está acostumbrado el adicto deriva en intoxicación aguda de carácter letal, cuando la vía de incorporación al organismo del adicto deriva en intoxicación aguda de carácter letal, cuando la vía de incorporación al organismo del adicto es parenteral, a su deficiente administración puede asociarse trombosis, tétano, infecciones, hepatitis o SIDA, se presenta también euforia, obnubilación, el cese de ansiedad desaparece y necesitan más droga para salir del deterioro mental en que se encuentra; se produce enfriamiento de los órganos genitales en los hombres, les produce además OLIGOPERNIA (ausencia de esperma), y en las mujeres pueden producir interrupción de la menstruación pierde rápidamente el interés por el sexo.

¿CÓMO SABEMOS SI CONSUMEN?

- Escalofríos
- Sudor
- Debilidad y espasmos
- Náuseas
- Vómitos

HIPNÓTICOS Y BARBITÚRICOS

NOMBRE: Hipnóticos y barbitúricos
COLOR: varios
PRINCIPIO ACTIVO: Ácido barbitúrico
FORMA DE PRESENTACIÓN: pastillas
NOMBRE DE LA CALLE: pepa, bala
ORIGEN: laboratorio
CONSUMO: vía oral

EFECTOS A CORTO PLAZO

- Desorientación
- Balbuceos
- Relajación
- Somnolencia
- Deterioro del razonamiento
- Conducta agresiva
- Perdida de la memoria
- Produce adicción por continuidad del uso

EFECTOS A LARGO PLAZO

- Ansiedad
- Inestabilidad emocional

- Deterioro intelectual
- Irritabilidad
- Pérdida de apetito
- Erupciones
- Enfermedades de hígado

PERMANENCIA DE LA DROGA EN EL ORGANISMO

El consumo de estas drogas va aparejado con motivos ligados a la angustia y desazón que produce la vorágine de la sciedad la sociedad actual o situaciones cotidianas estresantes, otros son alcohólicos y taquitos que buscan desintoxicarse o morfinómanos que lo hacen por el mismo motivo o por no conseguir droga, ya sea una u otra causa, de las consecuencias no cambian, todos tienen mal humor se vuelven irritables, agresivos, disminuye su afecto hacia el núcleo íntimo y sus efectos pueden llegar a causarles un estado de coma e inclusive la muerte por sobredosis.

Los tratamientos para encontrarle una solución deben efectuarse con mucho cuidado, los individuos pasan primero por el proceso de la tolerancia y luego por el de la dependencia física y psíquica por lo tanto un corte abrupto crea el síndrome de abstinencia que obliga a la iniciación de un tratamiento toxicológico y psicológico, para no llegar a la psicosis barbitúrica.

La mezcla con el alcohol puede llegar a ser mortal los barbitúricos de acción ultrarrápida o rápida son los que traen los problemas más graves.

En casos extremos se llega al estado de la psicosis en donde el enfermo pasa entre 4 y 5 días sin tener contacto con las drogas, y esto le trae aparejado varias horas de insomnio y alucinaciones visuales, y acústicas, grandes angustias, tiene efectos similares al delirium tremens alcohólico, aunque este es más prolongado.

Los tranquilizantes y sedantes menores son muy utilizados en psiquiatría para aplicar según el estado en que se encuentra un paciente, estos traen con ellos una alteración de la conducta que en ciertas ocasiones se torna violenta, e incontrolable, el consumo es creciente y comúnmente se ve que el individuo se automedica terminando en algunos casos con reacciones neuróticas que traen casos delictivos de la mano.

CLASIFICACIÓN DE LOS BARBITÚRICOS

a) Acción prolongada (VERONAL - LUMINAL)

b) Acción media (NUMAL - DIAL)

c) Acción corta (FANODORMO - NEMBUTAL)

d) Acción ultra corta (EVIPAN - PENTOTAL)

¿CÓMO SABEMOS SI CONSUMEN?

- Desorientación
- Somnolencia
- Conducta agresiva
- Pérdida de memoria
- Inestabilidad emocional
- Pérdida de apetito

HONGOS

NOMBRE: Hongos

COLOR: Variados

PRINCIPIO ACTIVO: sustancias psicoactivas como la psilocibina, la psilocina y la baeocistina

FORMA DE PRESENTACIÓN: plantas de hongos

NOMBRE DE LA CALLE: psilo

ORIGEN: vegetal

CONSUMO: comer

EFECTOS A CORTO PLAZO

- Aumento de pulso de la presión arterial
- Aumento del ritmo cardíaco
- Aumento de la temperatura corporal
- Aumento en la salivación
- Palidez
- Náuseas
- Temblores en las extremidades
- Estremecimiento
- Escalofríos
- Respiración arrítmica
- Dilatación de las pupilas

EFECTOS A LARGO PLAZO

- Alucinaciones
- Ilusiones
- Colores se avivan
- Objetos se mueven y deforman
- Se ven manchas
- Destellos de luz
- Formas caleidoscópicas (que cambian continuamente)
- Los cinco sentidos se agudizan

¿CÓMO SABEMOS SI CONSUMEN?

- Cambios emocionales
- Rápido flujo de ideas
- Pérdida del sentido de tiempo y espacio
- Se experimentan estados eufóricos
- Psicosomáticos:
    - Permiten expandir o ampliar el contenido psíquico del individuo
    - Provocan una percepción subjetiva de la realidad
    - Recrean un mundo inexistente (que pertenece al pasado y presente de la persona)
    - Es difícil que el pensamiento fije su atención en un tema en particular
    - Se presenta falta de concentración en momentos específicos del "viaje"

¿CÓMO PERMANECEN EN EL ORGANISMO?

El efecto de los hongos alucinógenos se debe a dos alcaloides que son los principales activos que producen los estados alucinatorios:

1) Psilocina
2) psilocibina

Esta segunda es la más potente en los hongos; además de la que se encuentra en mayor cantidad.

Los hongos alucinógenos son sustancias "liberadoras" de la mente y el espíritu más que ninguna droga, ha llevado al individuo a sus límites de sensibilidad y conciencia.

Sus efectos psicoactivos son difíciles de manejar, así como ubicarlos en el lugar exacto en el que se producen.

Los efectos de los hongos alucinógenos varían según la dosis, el ambiente, la fisiología particular del individuo (peso y tolerancia a cualquier sustancia extraña al organismo) y a la disposición psicológica del individuo (su estado de ánimo, personalidad, biografía, etc.).

Las sustancias alucinógenas sólo son desencadenantes catalizadores o agentes facilitadores de experiencias psicodélicas o alucinógenas, que pueden presentarse de manera gradual o de diferentes intensidades.

Los hongos alucinógenos actúan sobre el sistema nervioso central. Donde el cuerpo deja de pertenecerse para sufrir una extrapolación de su personalidad. Todos los sentidos (auditivo, visual, olfativo, del gusto y del tacto) sufren alteraciones de percepción que provocan experiencias extraordinarias.

Algunos científicos han relacionado los efectos de los hongos con los de la embriaguez y similares a los del LSD.

INHALANTES

NOMBRE: Inhalantes
COLOR: variados
PRINCIPIO ACTIVO: Tolueno - Benzeno - Acetona
FORMA DE PRESENTACIÓN: Pegamentos
NOMBRE DE LA CALLE: Tekerol, la pega
ORIGEN: Mundial
CONSUMO: Por inhalación

EFECTOS A CORTO PLAZO

- Euforia
- Inquietud
- Pérdida de autocontrol
- Alteraciones motoras
- Embriaguez muy profunda con atontamiento

EFECTOS A LARGO PLAZO

- Alteraciones de conducta
- Lesiones y alteraciones en pulmones, hígados, riñones, cerebro y sangre
- Alergias muy graves

¿CÓMO SABEMOS SI CONSUMEN?

- Euforia
- Inquietud
- Alteraciones motoras
- Alteraciones de conducta

PERMANENCIA DE LA DROGA EN EL ORGANISMO

Debido a que poseen un olor agradable tiene rápida aceptación; entre sus efectos encontramos estado de euforia, da lugar a alucinaciones agradables o terribles, produce sentimientos de grandeza, y una mayor tolerancia al dolor, el abuso provoca la muerte por falla cardiaca, el benceno ocasiona daños en la medula ósea, el tolueno produce daños renales, la gasolina intoxicación por el plomo y lesiones en la medula, su uso frecuente se manifiesta en irritabilidad, agresividad y puede iniciar en la búsqueda de drogas mayores como el alcohol, marihuana; presenta dependencia física y psíquica.

KETAMINA

ORIGEN: medicina veterinaria

COLOR: Color: varios

PRINCIPIO ACTIVO: Ketamina

FORMA DE PRESENTACIÓN: Frascos líquidos

NOMBRE DE LA CALLE: Keta

ORIGEN: Mundial

CONSUMO: Vía inyectable, nasal

EFECTOS A CORTO PLAZO

- Paraliza el sistema nervioso central
- Paraliza el sistema circulatorio

EFECTOS A LARGO PLAZO

- Dificultad para realizar cualquier actividad psicomotriz
- Puede perderse la visión, el oído, y el tacto
- Debido a su poder anestésico durante el viaje, el consumidor puede herirse y no darse cuenta
- Hipertensión
- Daña el aparato circulatorio y el aparato respiratorio
- Muerte

¿CÓMO ACTÚA EN EL ORGANISMO?

La ketamina es un anestésico disosiativo de corta duración, además de un poderoso analgésico su ventaja principal como anestésico radica en que es un compuesto que normalmente paraliza el sistema circulatorio y el respiratorio.

Se usa principalmente en medicina veterinaria aunque conserva algunos usos en medicina humana, es utilizado en ocasiones en niños, y ancianos o para las curas de grandes quemaduras, en anestesia humana suele combinarse con un sedante para evitar el FENÓMENO DE EMERGENCIA, que es como denominan los anestesistas al hecho de que cuando los pacientes se van despertando experimentan un estado de conciencia alterada que les suele asustar.

Se hizo popular en los años 60 por sus efectos alucinógenos se le conoce popularmente como KETA la misma como anestésico que es, adormece las sensaciones deja al sujeto inmerso en su propio subconsciente y aislado del exterior, se han encontrado coincidencias fundamentales entre el viaje ketamínico y las denominadas experiencias cercanas a la muerte.

El consumo de grandes cantidades puede causar la muerte.

FORMA DE ADQUISICIÓN

Debido a que es un producto que se vende en farmacias sin receta médica, muchos consumidores lo adquieren, en las farmacias con la excusa de que es para las mascotas que tuvieron un accidente.

El producto que se adquiere en la farmacia, se procede a cocinar a baño maría, o en un horno a microonda, en donde se evapora y se hace polvo.

LSD 25

NOMBRE: Dietilaminda del ácido lisérgico

COLOR: Incoloro

PRINCIPIO ACTIVO: Esporas del hongo CLAVICEPS PURPÚREA

FORMA DE PRESENTACIÓN: Empapados en figuritas y troqueles

NOMBRES DE LA CALLE: Ácido, trip

ORIGEN: de laboratorio

EFECTOS A CORTO PLAZO

- Alucinaciones
- Deficiente percepción del tiempo-espacio
- Delirios
- Muy peligrosa para personas con inestabilidad psicológica, puede ocasionar psicosis

EFECTOS A LARGO PLAZO

- Trastornos mentales graves a veces irreversibles
- Repetición de alucinaciones u otros síntomas sin necesidad de consumir la droga
- Pánico
- Lesiones cerebrales (coma, suicidio, muerte)

PERMANENCIA DE LA DROGA EN EL ORGANISMO

Afectan fuertemente el cerebro, y su procesamiento de información distorsionando la manera como trabajan nuestros cinco sentidos, y cambiando nuestras impresiones sobre el tiempo y el espacio que nos rodea, el consumidor piensa que las alucinaciones son reales y a veces le provocan pánico y temor, a veces el consumidor tiene repeticiones o FLASH-BACK que es un regreso inesperado e impredecible al efecto de las drogas sin haber vuelto a tomarlas.

Su uso crónico daña la memoria, la atención y produce confusión mental, los efectos de los verdaderos alucinógenos van acompañados de una mayor respuesta sensorial, al punto que las impresiones sensoriales se hacen incontrolables y a menudo es imposible distinguir entre una impresión sensorial y otra, esto conduce a un sentimiento de estar en uno con la humanidad o el universo, un equivalente químico de una experiencia religiosa.

¿CÓMO SABEMOS SI CONSUMEN?

- Alucinaciones
- Temor
- Ataques de pánico
- Paranoia
- Repeticiones
- Angustia
- Depresión

- Cambios de estado de ánimo
- Temblores
- Trastornos de aprendizaje
- Pérdida del habla y control de movimientos del cuerpo
- Accidentes
- Conducta violenta
- Convulsiones

MARIHUANA

NOMBRE: Cannabis Sativa

COLOR: Verde parduzco

PRINCIPIO ACTIVO: Delta-9-tetrahidrocanabinol

FORMA DE PRESENTACIÓN: Combinación de hojas, tallo, semillas, flores de las plantas

NOMBRES DE LA CALLE: Marimba, mariucha

ORIGEN: Distintas partes del mundo

EFECTOS A CORTO PLAZO

- Euforia
- Deshidratación
- Sensación de bienestar
- Somnolencia
- Posible trastorno genético
- Aumento del apetito
- Disminución de leucocitos
- Ansiedad y aceleración del corazón
- Síndrome de desintoxicación
- Menor coordinación física

EFECTOS A LARGO PLAZO

- Disminución del rendimiento, perdida de interés
- Trastorno mentales y sexuales
- Enfermedades respiratorias
- Puerta de entrada a otras drogas

PERMANENCIA DE LA DROGA EN EL ORGANISMO

El THC se absorbe profundamente en los tejidos grasos de varios órganos, se han encontrado restos en la orina después de varios días que la persona fumara la marihuana, pero en los crónicos se puede encontrar luego de varias semanas.

Se sabe que el humo de los cigarrillos produce cáncer y ya que la marihuana contiene algunos de los mismos químicos y otros también, causa esta enfermedad. Quien fuma 5 cigarrillos de marihuana está consumiendo la misma cantidad de químicos que causan el cáncer en la persona que fuma un paquete de cigarrillos por día.

En los pulmones y vías respiratorias frecuentemente se desarrollan los mismos problemas respiratorios que las personas que fuman cigarrillos, tiene tos persistente, silbido respiratorio, y tienden a sufrir de mas resfriados que las personas que no fuman, también tienen un alto riesgo de contraer enfermedades pulmonares.

El sistema inmune, de estudios científicos efectuados en animales ha demostrado que el THC puede dañar células y tejidos del cuerpo que sirven para proteger de enfermedades.

¿POR QUÉ CONSUMEN?

- Porque los amigos lo hacen
- Son presionados por amigos a fumarla
- Piensan que al fumarlo son más populares o envidiables
- Las canciones modernas lo mencionan
- Lo usan en los programas de TV
- Creen que puede ayudarlos a escapar de los problemas de la casa
- Está ilustrada su imagen en camisetas y gorros

LLEVAN AL CONSUMO DE OTRAS DROGAS

En estudios efectuados se ha determinado que muchos jóvenes han consumido primero marihuana para llegar luego a otras drogas ilegales, el riesgo de usar cocaína es 104 veces mayor para las personas que han probado marihuana que para los que nunca han probado

¿CÓMO SABEMOS SI CONSUMEN?

- Puede parecer mareado
- Problemas de conducta
- Parezca tonto y ría sin razón alguna
- Tiene los ojos irritados o rojos

- Tiene dificultades en la memoria
- Luego de desaparecer los efectos, tienen mucho sueño

SE USA COMO MEDICAMENTO

El THC químico activo de la marihuana se utiliza como píldora con receta médica en el tratamiento de náuseas y vómitos conocidos con el tratamiento de cierto tipo de cáncer.

En su forma oral el THC se usa en el tratamiento de pacientes con SIDA ya que les permite tener más apetito y así mantener su peso.

AFECTA AL BEBÉ DURANTE EL EMBARAZO

Los médicos recomiendan que las mujeres embarazadas no usen ningún tipo de drogas o alcohol, ya que podrían afectar el feto, de pruebas hechas en animales se ha visto pérdida del feto durante los primeros meses del embarazo, estudios científicos nos dicen que los bebés de madres que fuman marihuana nacen pensando y midiendo menos, las dimensiones de sus cabezas son menores que las de los bebés de madres que no usan drogas, también se han observado problemas en el sistema nervioso.

¿CÓMO AFECTA AL CEREBRO?

Todo nos indica que la persona que ha consumido sufre daños en sus funciones ya que se ven afectadas las partes del cerebro que controlan la memoria, la atención y el aprendizaje., fumar causa algunos cambios en el cerebro, como la cocaína, la heroína y el alcohol, algunos investigadores dicen que estos cambios en el cerebro pueden aumentar el riesgo de que una persona se haga adicta a otras drogas, como la cocaína y la heroína.

Además sabias que el THC es un potente disolvente de grasas y que al posarse en las neuronas derrite la MELINA, ocasionándole la muerte de la neurona.

El Dr. HENKERMAN, en 1990 descubrió que el THC se posa en las neuronas del área límbica, cerebelo, y lóbulos frontales, de esta manera las neuronas encargadas de frenar los instintos del ser humano son afectados. El consumidor reacciona entonces como un animal en forma de bruscos cambios de carácter sin explicación lógica, la persona ha dejado de controlar sus instintos lo que traerá como consecuencia que lo aparte de la sociedad en que vive.

MORFINA

NOMBRE: Morfina

COLOR: Blanco

PRINCIPIO ACTIVO: Aislada del alcaloide del opio

FORMA DE PRESENTACIÓN: Polvo de color blanco o amarillo

NOMBRE DE LA CALLE: Morfeo

CONSUMO: Se inyecta - vía oral

ORIGEN: Asia Menor

EFECTOS A CORTO PLAZO

- Cólicos irrefrenables
- Calambres
- Vómitos

EFECTOS A LARGO PLAZO

- Gran excitación
- Extrema ansiedad
- Sueño profundo

PERMANENCIA DE LA DROGA EN EL ORGANISMO

Una vez introducida en el organismo por vía oral, subcutánea o intramuscular la misma pasa con rapidez al torrente sanguíneo y de este a los tejidos, en donde se deposita en la zona medular de las glándulas suprarrenales que así estimuladas segregan adrenalina, actúa sobre el sistema nervioso central, musculatura lisa de las vísceras del abdomen y de la piel como presenta un gran poder como depresor de los centros nerviosos, fue utilizado para el tratamiento de los heridos en la guerra franco-prusiana de 1870-1871 en donde conllevó a la detección de gran cantidad de casos de personas adictas a dicha droga. La Morfina crea una gran tolerancia (cada vez es mayor la necesidad de nuevas dosis), la absorción se produce rápidamente por vía digestiva, por vía subcutánea, la dosis tóxica es de 2 a 4 veces menor, se conjuga principalmente en el hígado, y en el riñón, la eliminación de la morfina se hace en un 90 % con la orina excretándose dentro de las 6 horas (el resto en 24 horas).

Una persona se puede hacer dependiente en 2 semanas o menos, la dependencia se caracteriza por tendencia a seguir tomando la droga a aumentar la dosis. A las pocas horas de la última dosis, hay transpiración, dolores lacerantes, vómitos, calambres musculares y tremenda ansiedad, la tolerancia es tan grande que el adicto puede llegar a consumir una dosis de 5 gramos diarios, en busca de sus efectos.

¿CÓMO SABEMOS SI CONSUMEN?

- Transpiración
- Vómitos

- Calambres musculares
- Tremenda ansiedad

TIENE USO MÉDICO

Esta droga fue descubierta en 1806 y se aisló este alcaloide del opio por parte del Dr. SEITURNER, estudiante de medicina, quien una noche padecía de un terrible dolor de muelas, probó los cristales y durmió 8 horas y despertó sin dolores, por esa razón lo llamó en principio SOMNIFERUM, pero luego de repetir el uso le puso MORFINA, en honor a MORFEO, y es un poderoso analgésico, que tiene uso médico permitido.

OPIO

NOMBRE: Papaver somniferum
COLOR: marrón
PRINCIPIO ACTIVO: Protopina Alocriptopina
FORMA DE PRESENTACIÓN: Polvo
NONBRES DE LA CALLE: Adormidera
CONSUMO: Se aspira, se inyecta, se fuma, se bebe
ORIGEN: Asia menor

EFECTOS A CORTO PLAZO

- Irritación del carácter
- Bostezos
- Estornudos intensos
- Aspecto de resfriado con ronquera
- Aspecto de debilidad
- Trastornos digestivos

EFECTOS A LARGO PLAZO

- Insomnio
- Crisis histérica
- Tendencia a suicidios

Colapso respiratorio, el que aparece bruscamente (a veces con pulso débil, otras acelerado, de ritmo regular e irregular con sudor frio y postración general), pueden derivar en la muerte por insuficiencia cardíaca).

Por lo general los consumidores llegan a la adicción con los primeros trastornos hepáticos, y digestivos, es característico de color amarillento de la tez del opiómano, el consumidor frecuente se torna pasivo, apático, sus miembros parecen cada vez más pesados y su mente se envuelve en una ola letárgica el opio crea dependencia, anulando el organismo más lentamente que otras drogas, avanzada la intoxicación aparecen palpitaciones y sincopes, el organismo se deteriora en forma veloz e irreversible.

¿CÓMO SABEMOS SI CONSUMEN?

- Lagrimeo
- Sudoración profusa
- Sofocación
- Escalofríos
- Vómitos
- Diarrea
- Cefaleas
- Insomnio permanente

PASTA BASE

NOMBRE: Pasta base
COLOR: blanco crema
PRINCIPIO ACTIVO: Clorhidrato de cocaína
FORMA DE PRESENTACIÓN: polvo, piedras
NOMBRE DE LA CALLE: paco, pastel
CONSUMO: Se fuma
ORIGEN: Mundial

EFECTOS A CORTO PLAZO

- Sensación de euforia y éxtasis que se acaban rápidamente
- Produce angustia
- Malestar físico
- Paranoia (sensación de ser observado y perseguido)
- Rigidez muscular
- Pérdida de peso
- Alteraciones de sueño

EFECTOS A LARGO PLAZO

- Deterioro de las funciones cognitivas (pensamiento, memoria, atención)

- Disminución de la capacidad sexual
- Bronquitis enfisema de alto riesgo con cáncer

¿CÓMO SABEMOS SI CONSUMEN?

- Eufórico
- Angustiado
- Rigidez muscular
- Agresividad
- Bronquitis

PERMANENCIA DE LA DROGA EN EL ORGANISMO

Afecta el funcionamiento de las áreas de asociación, los guardianes del comportamiento social por ello se altera el juicio se produce una liberación de inhibiciones y los adictos presentan agresividad, reacciones de pánico y eventualmente depresión agitada.

Las altas dosis crean una sensación de fortaleza mental, poder personal, y muscular, produciendo también alucinaciones visuales, auditivas y táctiles.

Las ilusiones paranoides, que incluyen la idea de ser perseguidos combinados con la sensación excesiva de poder personal, pueden hacer de la persona que consume grandes dosis, alguien sumamente antisocial y peligroso.

¿CÓMO AFECTA EL EMBARAZO?

Existen investigaciones cuyas conclusiones indican la alta probabilidad que el consumo de PBC condicionaría daños estructurales y alteraciones en la adicta gestante a nivel del desarrollo embrionario y fetal, también provocaría alteraciones en el neonato de la cónyuge gestante, idénticas y más acentuadas que las de la adicta gestante.

Las alteraciones permiten delinear un perfil del tipo clínico en los hijos de las dependencias de la PBC, caracterizados por hiperkinesia motora. Distraibilidad ansiedad, rabietas, agresividad, desobediencia patológica, alteraciones morfológicas pocos comunes, sistema inmunológico deficiente, medidas antropométricas inadecuadas retraso de la adquisición inicial del lenguaje, de ambulación, conductas motoras deficientes y alteraciones en la escolaridad.

PEYOTE Y MEZCALINA

NOMBRE: Cactus
COLOR: verde
PRINCIPIO ACTIVO: Psilocibina
FORMA DE PRESENTACIÓN: Botones
NOMBRE DE LA CALLE: peyo
CONSUMO: Se fuma
ORIGEN: EE.UU. y México

EFECTOS A CORTO PLAZO

- Ilusiones
- Alucinaciones coloridas
- Náuseas
- Vómitos

EFECTOS A LARGO PLAZO

- Pérdida del sentido del tiempo pero no de la conciencia
- Cefaleas
- Trastornos del sistema respiratorio

¿CÓMO SABEMOS SI CONSUMEN?

- Náuseas
- Vómitos
- Cefaleas
- Cuesta respirar normalmente

PERMANENCIA DE LA DROGA EN EL ORGANISMO

Afectan fuertemente el cerebro, y su procesamiento de información, distorsionando la manera como trabajan nuestros cinco sentidos, y cambiando nuestras impresiones sobre el tiempo y el espacio que nos rodea, el consumidor, piensa que las alucinaciones son reales, y a veces le provocan pánico, y temor, a veces el consumidor tiene repeticiones o FLASH-BACK, que es un regreso inesperado e impredecible al efecto de las drogas sin haber vuelto a consumirlas.

Su uso daña la memoria y la atención y produce confusión mental, los efectos de los verdaderos alucinógenos van acompañados de una mayor respuesta sensorial, al punto que las impresiones sensoriales se hacen incontrolables y a menudo es imposible distinguir entre una impresión sensorial y otra.

Esta conduce a un sentimiento de estar en unión con la humanidad o el universo, un equivalente químico de una experiencia religiosa.

TABACO

NOMBRE: Tabaco

ORIGEN: De América y luego de todo el mundo

COLOR: Marrón

PRINCIPIO ACTIVO: Nicotina

FORMA DE PRESENTACIÓN: Cigarrillos

NOMBRE DE LA CALLE: Faso, fumo, pucho

CONSUMO: Se fuma

EFECTOS A CORTO PLAZO

VÍAS RESPIRATORIAS

- El movimiento ciliar es protector de las mismas por el barrido de los cuerpos extraños
- El humo detiene la acción
- Las cillas se endurecen, disminuyen su presencia, se desprenden arrastrando parte de la mucosa que les pertenece

PULMONES

- La bronquitis crónica lo invade y destruye su tejido, predomina en el sexo masculino (75 al 80%), el cáncer es más frecuente entre los enfermos crónicos de bronquitis

- El pulmón pierde su elasticidad aparece el enfisema, para recibir el aire atmosférico y permitir el intercambio gaseoso

CORAZÓN

- Taquicardia produce insuficiencia cardíaca
- Insuficiencia cardíaca
- Bradicardia, produce arritmia e irregularidades en el ritmo cardíaco

HIPERTENSIÓN ARTERIAL

- El hipertenso arterial fumador aumenta el riesgo de muerte en un 200%

SISTEMA DE VASOS

- La lesión arterial es la arterioesclerosis
- Favorece por la nicotina y por el CO los depósitos de grasa
- Aumenta la tendencia a la coagulación de la sangre, formación de trombosis
- Provoca la obstrucción de las arterias

BOCA

- Irritación crónica de estomatos (inflamación de la mucosa)

LABIO

- Irritación y cáncer de los habituados al uso de la pipa, en la zona de contacto por acción del calor y la irritación de apoyo

ESTÓMAGO

- Dispepsias, agrava úlceras y cólicos
- Aerofagias

COLON

- Irritación
- Se lo considera como el antecesor de las psico drogas por su actividad sobre el encéfalo
- Disminuye los reflejos (su efecto dura aproximadamente 20 minutos luego de comenzar a fumar, los accidentes en tránsito se producen 6 veces más en fumadores por la disminución de los reflejos)
- Altera la memoria y la actividad intelectual global
- Cefaleas

EMBARAZO

- El cigarrillo actúa sobre el bebé en gestación
- Los latidos fuertes aumentan a segundos de las primeras pitadas del cigarrillo por las madres (la nicotina llega por vía tras placentaria)

PARTO

- Abortos por mortalidad fetal, embarazada que fuma cigarrillos
- Los bebés prematuros con una incidencia del 40% por sobre las no fumadoras
- Normal con bebés con peso entre 2000 y 3000 gramos de promedio menor al normal (en oportunidades inferior a los 2500 gramos), expuestos a enfermar y morir prematuramente por dificultades de adaptación), con retardos mentales

LACTANCIA

- El recién nacido recibe nicotina de la madre fumadora ya que este alcaloide pasa a la leche (el litro de leche contiene 0,5 gramos de nicotina)

ESTERILIDAD

- Por observación de numerosos casos se comprueba la influencia inhibitoria para la potencia viril y esterilidad (por disminución en el número y mortalidad de los espermatozoides)

VEJIGA

- Produce cáncer se sostiene que el tabaco es una de sus causas, pues las sustancias cancerígenas llegan disueltas en la saliva e integran la orina

EFECTOS A LARGO PLAZO

VÍAS AÉREAS

- Sinusitis 75% más elevada en fumadores
- Los agentes irritantes o cancerígenos permanecen en contacto con el epitelio, producen un tosedor crónico

PULMONES

- Es el invalido respiratorio (se fatiga y no soportan el menor esfuerzo), viven en pequeñas y repetidas muertes
- Cáncer pulmonar el 90% de los casos corresponden al fumador, el 12% de los casos corresponden a los no fumadores
- Agrava los procesos asmáticos que desaparecen al dejar de fumar
- EPOC

CORAZÓN

- Arritmia
- Extrasístole o latidos inesperados con inestabilidad, mareos, dolores o pasa inadvertida
- Taquicardia paroxística llega de 120 a 300 latidos por minuto
- Fibrilación ventricular, es la que mayor número de muertes repentinas provoca

SISTEMA DE VASOS

- Provoca construcción de las arterias
- Efectos del aparato sobre el sistema digestivo

BOCA

- Gingivitis (inflamación de las encías)
- Cáncer

ESTÓMAGO

- La acción de la nicotina sobre la mortalidad gástrica y pilórica conduce a ulcera-gastroduodenal

COLON

- Provoca disfunciones en el sistema entosimpático y parasimpático

PARTO

- Con retardos mentales
- Complicaciones neurológicas

¿POR QUÉ SE FUMA?

El consumo de cigarrillos configura en el ser humano un comportamiento de opción en relación con la salud, el uso del mismo puede determinar hábitos, vicios o toxicomanía.

HÁBITO: Uso esporádico, sin tiempos prefijados, no exigencias internas, se fuma por irritación por recordar que el cigarrillo existe.

VICIO: Es el uso repetido y frecuente que conduce a conductas perjudiciales, al levantarse, se precisa en él y el cigarrillo sigue acompañando el día del fumador.

TOXICÓMANO O ADICTO: Es el fumador que no maneja el paquete de cigarrillos sino que este lo maneja a él.

Podemos dividir el comportamiento del fumador, frente a su opción tabáquica en cuatro etapas:

1. COMIENZO - HÁBITO

- Curiosidad
- Irritación
- Rebelión contra prohibiciones
- Sinobismo, narcisismo paranoide
- Generalmente se produce a edades tempranas

2. ARRAIGO - VICIO

- Estímulo
- Relaciones interpersonales
- Búsqueda del placer
- Aplacar sensaciones nerviosas
- Empuje publicitario
- Responder a su grupo social

3. PERTURBACIÓN - ADICCIÓN

- Reacciones de dependencia-yo y mi cigarrillo
- Configuración de un deseo cada vez mayor de experimentar los efectos del cigarrillo

4. CIGARRILLO Y LIBERTAD DE ELECCIÓN

a) NO FUMAR O DEJAR DE FUMAR

- Valoración de su salud personal
- Valoración de la salud social
- Valor de su función ejemplificadora
- Valoración de su dominio personal (se es MÁS UNO venciendo este riesgo)
- Valoración de sus virtudes (fortaleza, consejo, sabiduría, templanza)

5. FUMAR POR

- La no aceptación de riesgos
- La ausencia de síntomas aparentes
- Considerar al cigarrillo beneficioso
- Que fumar confiere independencia
- Distinción en el grupo social
- Que es una expresión de fortaleza
- Por esnobismo o exhibición
- Autonomismo sin pensar
- Para escapar de las tensiones
- Acentuar placeres
- Huir de la timidez
- Ser adicto y no encontrar como superar los síntomas de la abstinencia de su compañero obligado

TÓXICOS QUE COMPONEN EL TABACO

NICOTINA: Es el alcaloide líquido del tabaco, con gran capacidad tóxica, y responsable del hábito, vicio o dependencias que sujeta al fumador, el uso del tabaco, y lo afecta en las dos fases de intoxicación aguda, y crónicas, de color ocre es soluble en alcohol, agua y éter.

ALQUITRÁN DE TABACO: Lo componen más de 500 sustancias químicas que son producto de la combustión al condensar el humo de tabaco, se acepta como responsable del cáncer en las vías y órganos del pasaje y llegada del humo, su efecto es la producción de lesiones destructivas.

GASES TÓXICOS: Se contabilizan en más de una decena, pero 3 son los principales.

a) **MONÓXIDO DE CARBONO:** Su porcentaje es de 80 a 100 cm^3 por cigarrillo es el que reviste mayor peligrosidad de los gases, su riesgo es por la capacidad que presenta de desplazar el O" de la hemoglobina, en carboxileno alobina, logrando con ello una carencia de oxígeno en los tejidos con los consiguientes trastornos para la actividad muscular.

b) **OXÍGENO DE HIDRÓGENO:** Altera destruyendo las cilias pulmonares que son las que barren protegiendo las vías aeríferas de microbios mucus, cuerpos extraños, su lugar es ocupado por el alquitrán iniciando el camino que luego veremos. Arsénico, piridura y benzopireno, con acción tóxica, semejante a las señaladas por la nicotina y el alquitrán.

POR ANÁLISIS SE COMPRUEBA QUE:

CENIZAS: No se observa presencia de esos componentes.

CIGARRILLO: De 20 a 50 mg de nicotina por unidad.

CIGARRO: De 30 a 120 mg de nicotina por unidad.

COLILLA: Es el filtro de la nicotina y alquitrán es decir, el pucho contiene mayor cantidad de nicotina que un cigarrillo sin fumar.

PAPEL DE CIGARRILLO: Contiene un 5% de PENTOZANE no tóxico.

TABACO NO FUMADO: No contiene alquitrán la concentración de nicotina en la hoja es entre un 2 y 4% según el espesor.

HUMO Y SUS COMPONENTES

1) **FASE GASEOSA:** Contiene monóxido de carbono y ácido clorhídrico.
2) **FASE SEMILÍQUIDA:** Contiene nicotina y alquitranes.
3) **FASE GASEOSA.**

MONÓXIDO DE CARBONO Y ÁCIDO CLORHÍDRICO

en el humo del cigarrillo el nivel de concentración es 1%

en pipa bajo 100 milímetros más de 2%

en cigarro más de 6%

FUMADORES

Suero de 0,54 mg cada 1000 milímetros

NORMAL SUEROS

30 cigarrillos diarios transforman 5% de hemoglobina en carboxihemoglobina

40 cigarrillos diarios o más llegan al 15%

FASE SEMILÍQUIDA

Nicotina y alquitrán 0,8 a 7 a 20 mg, 3 mg esencialmente cancerígenos producen intoxicación crónica aguda, esencialmente cancerígena la inhalación fija el 80% en vías aeríferas y pulmonares.

PROPORCIONES EN EL HUMO Y POSIBILIDADES DE SU PRESENCIA

- Monóxido de carbono 400 veces más que lo aceptado en el ambiente industrial
- Ácido anhídrido 160 veces más que lo aceptado en el ambiente industrial
- Óxido nitroso 200 y 600 por millón en cigarrillos
- 1100 por millón en pipa o cigarrillo
- En anfibios de 1 a 5 decimas de mg produce convulsiones
- Nicotina su acción experimental en el hombre la dosis es letal

EL TABACO Y SU DISTRIBUCIÓN

La organización mundial de la salud, en recientes encuestas públicas que arrojaron el siguiente resultado.

- Países desarrollados y muy industrializados disminuye el número de fumadores en 1,1% anual (y sus riesgos consecuentes)
- Países subdesarrollados o en desarrollo aumenta en 2,1% anual el número de fumadores y sus consecuencias

PDMA

NOMBRE: Superman
COLOR: Variado
PRINCIPIO ACTIVO: Paramentoxi Metanfetamina
FORMA DE PRESENTACIÓN: Pastillas
NOMBRE DE LA CALLE: Superman
ORIGEN: Laboratorio
CONSUMO: Via oral

EFECTOS A CORTO PLAZO

- Ligera ansiedad
- Aumento de la presión arterial
- Frecuencia cardíaca más rápida
- Contracción de los músculos de la mandíbula
- La piel se vuelve más húmeda
- La boca seca

EFECTOS A LARGO PLAZO

- Después de una leve euforia
- Una sensación de bienestar y placer
- Es acompañado por una relajación

- Una exacerbación del sentido y de un sentido de comprensión y aceptación del otro
- Lleva a algunos a perder peso y a debilitarse
- El estado de ánimo se vuelve inestable
- A veces conduce a un comportamiento agresivo
- Este consumo puede revelar o conducir a trastornos mentales severos y de larga duración

PERMANENCIA DE LA DROGA EN EL ORGANISMO

Esto es posible con una sola dosis de la droga y este tipo de metanfetaminas demora entre 30 y 40 minutos en hacer efecto, estos casos también están acompañados de fiebre muy alta, de 40 y 41°, es muy difícil combatir y bajar la temperatura, ya que no responde a los antitérmicos habituales. En cuanto al consumo prolongado, "esta droga provoca un deterioro físico progresivo y altera el funcionamiento cognitivo, disminuyendo el rendimiento motor, y deteriorando el aprendizaje verbal, asociado a la memoria y las emociones".

CAPITULO 3

CONSEJOS PARA PADRES, DOCENTES Y ADOLESCENTES

CONSEJOS PARA PADRES

1. CONOCE A LOS AMIGOS DE TUS HIJOS:

Debes tener presente que es bueno que tus hijos inviten a sus amistades a tu casa, debes relacionarte con ellos y con los padres de estos, debes estar atento y unido para detectar y tener el tiempo suficiente para solucionar los problemas que se pudieran suscitar.

2. FOMENTA EN TUS HIJOS LOS VALORES POR LA VIDA:

Debe tenerse siempre presente que a nuestros hijos es mejor inculcarle principios claros, siempre deben reforzarse los mismos, y una vez que el mismo posea en claro sus principios este sabrá decir NO al consumo de las drogas y evitar que tanto en los lugares donde concurra como asimismo sus amigos lo presionen.

3. ESCUCHA A TU HIJO SIEMPRE:

Hay que tener presente lo importante que es la comunicación no solo en nuestra vida diaria sino también para toda nuestra vida familiar, debiéndose tener presente lo importante que es escuchar a nuestros hijos, compartir con ellos sus problemas, sus experiencias de vida, orientarlos en decisiones que ellos deban tomar, pero lo importante es escucharlos sin juzgar sus actos.

4. PREDICA CON EL EJEMPLO:

Tenemos que saber que siempre los padres son los modelos más importantes en las vidas de nuestros hijos, las experiencias de vida de ellos pueden ayudar a los mismos a superar sus problemas y lo más importante es enseñarles a salir adelante sin necesidad de consumir las drogas.

5. DEBES HABLAR CON TUS HIJOS SOBRE LAS DROGAS:

A pesar de todo siempre debes enseñarles y darle a tus hijos toda la información que puedas acerca de los daños que ocasionan las drogas no solo en la salud sino en toda su vida cotidiana, los problemas económicos que pueda ocasionarles como asimismo los problemas legales que estos puedan tener, y que sepan que el consumo de estos elementos no son necesarios para poder triunfar en la vida.

6. HAY QUE INCULCARLES ACTIVIDADES SALUDABLES:

Siempre ante todo se debe inculcar a nuestros hijos la vida sana, la práctica de actividades deportivas, artísticas, y cualquier otro tipo de actividades que resulten distractoras para ellos, lo que permitirá que de esta manera se alejen del consumo de las drogas.

7. DEBES ORIENTAR A TU HIJOS A ELEGIR LAS AMISTADES POSITIVAS:

Debes ayudar a tus hijos a que frecuenten ambientes que sean sanos, lo que generará una buena influencia entre los amigos, lo que conllevará a que los mismos se apoyen entre ellos, y será posible que de esta manera los mismos reduzcan el consumo de alcohol, y de drogas ilegales.

8. AUMENTAR LA AUETOESTIMA DE TUS HIJOS:

Debes demostrar tu cariño y afecto, elógiale sus virtudes.

La forma en que lo corriges será firme pero amorosa; debes saber colocar límites a tus hijos, es muy importante, lo debes tratar con respeto, evita de herirlo, pero lo que es muy importante que resaltes sus logros y esfuerzos.

9. DEBES ENSEÑAR A TUS HIJOS A DECIR NO:

Fortalece la seguridad y la confianza en tus hijos para que aprendan a decir que NO ante la presión de sus amistades y compañeros frente al consumo de las drogas, se deben tener claras las normas en su familia con respecto al uso y abuso de alcohol y las drogas ilegales.

10. QUE HAY QUE HACER ANTE LA PRESUNCIÓN DEL CONSUMO DE DROGAS POR PARTE DE TUS HIJOS:

Debemos aprender a identificar los síntomas y señales asociadas al consumo de drogas (cambio de amistades, comportamiento rebelde, las constantes actividades fuera de la casa), actúa con calma, debes hablar con tu hijo y comentarle sobre las dudas que tienes sobre el posible consumo de drogas, apóyalo si te dice que las está usando, nunca lo debes agredir.

CONSEJOS PARA LOS DOCENTES

1. OBSERVAR QUE EL ALUMNO ESTÁ RETRAIDO O DEPRIMIDO:

Es fácil ver que el alumno comienza a retraerse es su conducta antes era una persona comunicativa y ahora comienza a no hablar, asimismo se lo ve que está deprimido.

2. SE ENCUENTRA CANSADO O DESCUIDADO EN SU ASPECTO PERSONAL:

Se lo empieza a ver muy cansado durante la clase, casi siempre con sueño, y se comienza a ver que el mismo ha perdido su alineo personal con ropas sucias, y su aspecto físico se ha deteriorado en gran manera.

3. ESTÁ HOSTIL Y FALTO DE COOPERACIÓN:

Antes era una persona muy cooperativa en la clase y ayudaba a sus compañeros, pero ahora ante el requerimiento de su maestra y de sus compañeros se torna hostil.

4. HA DEJADO A SUS ANTIGUOS AMIGOS:

Se lo solía ver con amistades fijas, siempre se le conocían sus amistades, pero a partir de ahora ha comenzado a juntarse con personas a las cuales antes nunca se lo hubiera relacionado.

5. HA EMPEORADO SUS NOTAS O LA ASISTENCIA A CLASE ES IRREGULAR:

De ser un alumno muy bueno, comenzó a recaer en sus notas, y una persona que nunca falto a sus clases ha comenzado a faltar a las clases.

6. PERDIÓ EL INTERÉS POR LAS PASATIEMPOS, LOS DEPORTES U OTRAS ACTIVIDADES:

Antes practicaba deportes y tenía como pasatiempo actividades artísticas, pero ahora en forma paulatina ha comenzado a perder interés por ellos.

7. TIENE ACTITUDES BELIGERANTES ANTE LAS PREGUNTAS O RECLAMOS:

Comienza con las agresiones verbales, ante las preguntas o reclamos de los compañeros o de sus maestras.

8. TIENE LAS PUPILAS DILATADAS, LOS OJOS COLORADOS:

Se empiezan a observar los primeros síntomas del consumo de las drogas tiene las pupilas dilatadas y un enrojecimiento de los ojos.

9. TIENE CONVERSACIONES MISTERIOSAS:

Sale para hablar en forma misteriosa a con llamadas que recibe.

10. TIENE MANCHAS DE CIGARRILLOS EN LOS DEDOS:

Antiguamente siempre estaba pulcro y ahora empiezan a observarse las manchas de tabaco en los dedos.

11. TIENE FEO OLOR:

Comienza a tener feos olores corporales.

12. TIENEN ELEMENTOS PARA APLICAR A LAS DROGAS:

Se le ve que presenta elementos para consumir drogas, como ser biromes, papel para el armado de cigarrillos, etc.

13. TIENE LA NARIZ QUE SANGRA O GOTEA A MENUDO:

Se observa que parece estar todo el día resfriado, y muchas de las veces presenta una fuerte pérdida de sangre por la nariz.

14. TIENE LA DIFICULTAD PARA HABLAR:

Comenzó a tartamudear, se saltea letras para hablar, no coordina las frases cuando habla o conjuga mal los verbos y tiempos.

15. HA CAMBIADO SUS HÁBITOS DE COMER O DE DORMIR:

Se empieza a ver que no come en los horarios de la familia, y que cuando viene a altas horas de la noche comienza a comer cualquier cosa de la casa, sin importarle lo que consume.

16. USA DESODORANTES O PERFUMES PARA TAPAR OTROS OLORES:

El mismo en tiempos anteriores nunca usaba desodorantes o colonias de fuerte olor, y ahora ha empezado a hacer uso de los mismos.

15) SE LO VE CON CAJITAS DE FÓSFOROS AGUJEREADAS EN EL CENTRO DEL LOMO DEL ENVASE O CUALQUIER OTRO ARTEFACTO (BIROMES, LLAVES O TUBITOS):

Es muy común que luego de iniciarse en el consumo de las drogas comienzan a tener en su poder elementos que son de uso para el consumo de drogas, como ser lapiceras vacías, tubos como sorbetes u otros artículos para guardar dichos elementos.

17. TIENE PAPEL PARA ARMAR CIGARRILLOS:

Para poder armas sus propios cigarrillos empiezan por la compra de papel para armarlos, es muy normal en los que consumen la marihuana.

18. TIENE ELEMENTOS QUE PERMITAN PICAR LA DROGA, COMO POR EJEMPLO HOJAS DE AFIETAR, TARJETAS DURAS O CUCHILLOS:

Cuando se utiliza cocaína es muy común observar que algunas personas llevan hojas de afeitar, algunos pequeños cuchillos, y en otros casos tarjetas de crédito o tarjetas de cartón duro para poder separar y consumirla.

CAPITULO 4

¿DÓNDE RECURRIR?

COMUNIDADES TERAPÉUTICAS

PROVINCIA DE SANTA FE

ASOCIACIÓN NAZARETH

Dr. Luis Ferrigno
Dirección: Sarmiento 55
(2500) Cañada de Gómez, Santa Fe
Tel.: 03471-422294
Email: nazareth@telnet.com.ar

ASOCIACIÓN CIVIL MARANATA
Sra. Elvira Pisaroni
Dirección: Rondeau 521 (2000) Rosario, Santa Fe

ASOCIACIÓN VOLVER A LA VIDA
Sra. María Esther Trossero
Dirección: Sarmiento 1632
(2000) Rosario, Santa Fe

AVCD
Dr. Gustavo de Vega
Dirección: Entre Ríos 1377-1429
(2000) Rosario, Santa Fe

Tel.: 0341-4212302 4409305
Email: avcd@citynet.net.ar avcd_1429@hotmail.com

FUNDACIÓN ESPERANZA DE VIDA
Sr. Osvaldo S. Marrochi
Dirección: Cevallos 1328 (2000) Rosario, Santa Fe
Tel.: 0341-4249990
Email: fevidaosvaldo9@yahoo.es

CIUDAD AUTÓNOMA DE BUENOS AIRES

ASOCIACIÓN YO SOY
Sra. Cristina Giudicci
Dirección: Directorio 425 C1424CIE Ciudad Aut. de Buenos Aires
Tel:. 4923-4421/ 4924-9576 Fax
Email: info@ac-yosoy.com.ar
www.ac-yosoy.com.ar

ASOCIACIÓN CIVIL CENTRO DE VIDA
Sr. Segundo Amadeo Videla
Dirección: Av. Santa Fe 2861 1° piso B y C C1425BGD Ciudad Aut. de Buenos Aires,
Tel.: 4821-6016 4829-1690
Email: centrodevida@centrodevida.org.ar
centrodevida@hotmail.com

CASA DEL SUR
Lic. José Rshaid
Dirección: Díaz Velez 4271 C1200AAJ Ciudad Aut. de Buenos Aires
Tel.: 4958-5832 4958-5832
Email: casa_del_sur@ciudad.com.ar

CENTRO JUVENIL ESPERANZA
Sr. Rubén González

Dirección: H. Yrigoyen 3447 C1208ABB Ciudad Aut. de Buenos Aires
Tel.: 4866-3956 4864-3752
Email: centrojuvenilesperanza@yahoo.com.ar

COMUNIDAD TERAPÉUTICA ACIAR - EL REPARO
Lic. Elsa Hilda Gervasio
Dirección: Mendoza 2812
(1428) Ciudad Aut. de Buenos Aires, Capital Federal
Tel.: 4780-3029
Email: consulta@elreparo.org.ar

DEHUM - FUNDACIÓN PARA EL DESARROLLO HUMANO
Lic. Puentes
Dirección: Sarandí 1048 C1222ACL Ciudad Aut. de Buenos Aires
Tel.: 4943-7775

FUNDACIÓN ARGENTINA DE PLANEAMIENTO - FUNDAPLAN
Clr. Juan Facundo Cincunegui
Dirección: Av. Córdoba 2011
(1120) Ciudad Aut. de Buenos Aires
Tel.: 4963-1655 156-160-9489
Email: info@choicecounseling.com.ar
www.choicecounseling.com.ar

FUNDACIÓN ATREVERSE
Dr. Daniel Duarte
Dirección: Urquiza 1874 (1638) Ciudad Aut. de Buenos Aires,
Tel.: 4718-0779 4791-9264

FUNDACIÓN CANDIL
Lic. Graciela Ojeda
Dirección: Tucumán 3517
(1189) Ciudad Aut. de Buenos Aires
Tel.: 4862-6290

Email: info@fundacioncandil.org.ar
www.fundacioncandil.org.ar

FUNDACIÓN CONVIVIR
Sra. María Florencia Di Masi
Dirección: Callao 58 (1022) Ciudad Aut. de Buenos Aires
Tel.: 4954-2263 4954-2285
Email: convivir@convivir.org info@convivir.org

FUNDACIÓN PROGRAMA SAN CARLOS
Carlos Hernán Varangot
Dirección: Jufré 1067 C1414AYU Ciudad Aut. de Buenos Aires
Tel.: 4773-1144
Email: fundacionsancarlos@yahoo.com.ar

FUNDACIÓN PROYECTO CAMBIO
Dr. Gastón Mazieres
Dirección: Matienzo 2639
(1426) Ciudad Aut. de Buenos Aires
Tel.: 4553-6777 4554-2912 fax
Email: proyectocambio@sion.com

FUNDACIÓN PROYECTO DE VIDA
Dra. Judith Rapp
Dirección: Av. Belgrano 1315 Piso 4 C1093AAB
Ciudad Aut. de Buenos Aires
Tel.: 4383-5381
Email: judyrapp@fibertel.com.ar

GRUPO DEL OESTE
Lic. Lilia Aletti
Dirección: Emilio Mitre 591 C1424AYK Ciudad Aut. de Buenos Aires
Tel.: 4432-7309
Email: grupodeloeste@uol.com.ar grupodeloeste@hotmail.com

FUNDACIÓN REENCUENTRO
Dirección: Gualeguaychú 3530 C1419BKB Ciudad Autónoma de Buenos Aires
Tel.: 4504-2328 Tel./Fax: 4504-2328
e-mail: freencuentro@uol.com.ar

ASOCIACIÓN CIVIL AQUÍ Y AHORA
Dirección: Pergamino 171 C1406FHC Ciudad Autónoma de Buenos Aires
Tel.: 4612-9519 Tel./Fax: 4612-9519
e-mail: aquiyahora@sinectis.com.ar

FUNDACIÓN RED DE VIDA
Dirección: Anchorena 1450 1 PISO "B" CP (1425) Ciudad Autónoma de Buenos Aires
Tel.: 4825-9226 Tel./Fax: 4825-9226
e-mail: red-vida@pccp.cpm.ar

SE PUEDE SRL
Dirección: Pola 235 CP(1409) Ciudad Autónoma de Buenos Aires
Tel.: 4644-1876 Tel./Fax: 4567-5411
e-mail: carloslara4@msn.com

ENCUENTROS DE OCAMPO
Dirección: Ortiz de Ocampo 2590 CP() Ciudad Autónoma de Buenos Aires
Tel.: 4804-0274 Tel./Fax: 4804-0274
e-mail: encuentrosdeocampo@yahoo.com.ar

COMUNIDAD TERAPÉUTICA EL PARAÍSO
Dirección: Avenida Monroe 3786 - Planta Baja D (1430) Ciudad Autónoma de Buenos Aires
Tel. (011) 4544-0503 / (011) 155 889-6164
info@elgranparaiso.com.ar

VALORARTE ASOCIACIÓN CIVIL.
Dirección: Valdenegro 2559. C1431FZA Ciudad Autónoma de Buenos Aires
Tel.: (011) 4544-7154
E-mail: info@valorarte.org.ar

PROVINCIA DE BUENOS AIRES

ASOCIACIÓN ALEPH
Lic. Gladys Libryk
Dirección: Ameghino 977 (1661) Bella Vista, Buenos Aires

ASOCIACIÓN CIVIL EL PALOMAR.
Sra. Gladys Madeddu
Dirección: Mentruyt 361 B1832CEG Lomas de Zamora, Buenos Aires
Tel.: 4392-2044 / 4243-7730
Email: info@elpalomarct.com.ar
www.elpalomarct.com.ar

ASOCIACIÓN CIVIL PROGRAMA CUARTA OPCIÓN
Sr. Luis del Río
Dirección: La Nación y Jujuy s/n
Francisco Álvarez - Moreno, Buenos Aires
Tel.: 0237-4872895

ASOCIACIÓN CIVIL PROGRAMA DELTA
Lic. Susana Pels
Dirección: Hilarión de la Quintana 4228 B1636AOR Olivos, Buenos Aires
Tel.: 4711-3392
Email: prodelta@uol.com.ar

ASOCIACIÓN NUEVO SENTIDO
Sra. Laura Ester Yamaguchi

Dirección: Constitución 2215 B1646CYS San Fernando, Buenos Aires
Tel.: 4744-5645
Email: nuevosentido@fullzero.com.ar

ASOCIACIÓN VOLVER A LA VIDA
Sr. Carlos Gallemi
Dirección: Arengreen y Areco Ruta 3, Km 41
(1770) Virrey del Pino, La Matanza, Buenos Aires
Tel.: 02202-497806

COMUNIDAD TERAPÉUTICA LOS NARANJOS
Lic. Daniel H. Agazzi
Dirección: General Pueyrredón 1634
(2930) San Pedro, Buenos Aires
Tel.: 03329-427801 03329-422202
Email: asoclosnaranjos@arnet.com.ar

COMUNIDAD TERAPÉUTICA SANTA CLARA DE ASÍS
Lic. Ana María Amendolara
Dirección: Las Heras 2398 B1856AHH Glew, Buenos Aires
Tel.: 4233-8058 4297-0963
Email: info@comunidadsantaclara.org.ar

COMUNIDAD VILLA SAN VICENTE
Dr. Salvador Egitto
Dirección: Del Viejo Tranvia 52 (1865) Curva de Estelita - San Vicente, Buenos Aires
Tel.: 02225-426287 02225-422584
Email: villasanvicente@yahoo.com.at

FUNDACIÓN AYLÉN
Dr. Carlos Souza
Dirección: Laprida 1340 B1638CSL Vicente López, Buenos Aires
Tel.: 4791-4691 4718-0699
Email: aylen@fibertel.com.ar csouza@fibertel.com.ar

FUNDACIÓN CREANDO LA LIBERTAD
Sra. Clementina Paret
Dirección: Calle 382 N° 4740 (1879) Quilmes, Buenos Aires
Tel.: 4210-5466
Email: cparet@unq.edu.ar

FUNDACIÓN PLURAL
Lic. Graciela Guarnacci
Dirección: Aristóbulo del Valle 2672 B1878EBB Quilmes, Buenos Aires
Tel.: 4224-6856
Email: fund_plural@yahoo.com.ar

FUNDACIÓN VIDA Y FAMILIA
Sr. Juan José Villarruel
Dirección: Mitre 1776 B1631KLL Villa Rosa, Pilar, Buenos Aires
Tel.: 02322-495756
Email: fundacionvidayfamilia@arnet.com.ar

FUNDACIÓN VIVIRÉ
Sr. Alejandro Rosatti
Dirección: Av. de Mayo 1705 B1704BVR Ramos Mejía, Buenos Aires
Tel.: 4658-9902
Email: vivire@infovia.com.ar

POSADA DEL INTI
Sr. Fabián Messina
Dirección: López de Gomara 4988
(7600) Mar del Plata, Buenos Aires
Tel.: 0223-479-4206
Email: posadadelinti@yahoo.com.ar

PROGRAMA ANDRÉS
Dr. Alberto Gourdy Allende

Dirección: Alsina 144
(1642) San Isidro, Buenos Aires
Tel.: 4783-8414 0800-222-4474
Email: programaandres@sion.com
www.programaandres.org.ar

PROGRAMA CUMELÉN
Sr. Nicolás Vera, Sra. Sandra L. de Vera
Dirección: Ituzaingó 94
(7400) Olavarría, Buenos Aires
Tel.: 02284-446202 02284-446507
Email: info@programacumelen.org.ar
www.programacumelen.org.ar

PROYECTO UNO
Lic. Daniel de Angelis / Lic. Fabián Ottone
Dirección: San Lorenzo 1936 B1636BVJ Olivos, Buenos Aires
Tel.: 4799-5705 4711-6043
Email: info@proyectouno.org.ar proy-uno@sinectis.com.ar

COMUNIDAD TERAPÉUTICA SANTA CECILIA
Dirección: General Pachecho 1267 CP (1617) El Talar - Pacheco
Tel.: 4740-1657/15-4029-7216 Tel./Fax: 4740-1657

DARSE CUENTA
Dirección: Camino General Belgrano 446/447 (C.P. 1900) KM 12.500
City Bell Pcia. Bs. As.
Tel.: 0221-4871096 Tel./Fax: 0221-4871096

PROGRAMA POR DECIR
Dirección: Coronel Pringles 1609 CP (1714) Ituzaingó
Pcia. Bs. As.
Tel.: 4621-0780 Tel./Fax: 4621-9011

FUNDACIÓN PASAJE
Dirección: Calle 2 Nº 1631, La Plata
Tel.: 0221 421 6788

ASOCIACIÓN VOLVER A VIVIR
Dirección: Enrique Fernández 2274 CP (1824) Lanús Oeste Pcia. Bs. As.
Tel.: 4262-4132 Tel./Fax: 4262-4183
e-mail: info@volveravivir.org.ar

ASOCIACIÓN CIVIL SIN FINES DE LUCRO PROYECTO UNO "UNA NUEVA OPORTUNIDAD"
Dirección: Fray Justo Sarmiento 2180 CP (1636) Olivos Pcia. Bs. As.
Tel.: 4837-9155 Tel./Fax: 4837-9155
e-mail: proy-uno@sinectis.com.ar

ASOCIACIÓN CIVIL NUESTRA SEÑORA DE LA PASCUA
Dirección: Matorra 545 CP (1759) Km 32 – González Catán Pcia. Bs. As.
Tel.: 02202-422522 /420004 Tel./Fax: 02202-420004

FUNDACIÓN NUEVO NACIMIENTO
Dirección: 30 de Septiembre 1650 CP (1846) Adrogué Pcia. Bs. As.
Tel.: 4293-4739/0053 Tel./Fax: 4293-4739

COMUNIDAD TERAPÉUTICA ARIADNA
Dirección: Av. Mitre 5585 CP (1874) Villa Dominico - Pcia. Bs. As.
Tel.: 4207-7001 Tel./Fax: 4207-7001
e-mail: ctariadna@hotmail.com

FUNDACIÓN MENSAJEROS DE LA VIDA
Dirección: Ruta 8 km 39600

CP (1667) Tortuguitas - Pcia. Bs. As.
Tel.: 02320-492703/491538 Tel./Fax: 02320-492703

COMUNIDAD TERAPÉUTICA SOL
Dirección: Güemes 2262 CP
(1400) San Miguel - Pcia. Bs. As.
Tel.: 4664-0794 Tel./Fax: 4664-0794

COMUNIDAD TERAPÉUTICA SURGIENDO
surgiendo@sinectis.com.ar
http://www.autismoinfantil.org.ar
Dirección: 20 de Septiembre 3665 - Lanús Oeste
C. P. 1824 - Provincia de Bs. As.
Tel./Fax (011) 4240-9455

COMUNIDAD TERAPÉUTICA
Dirección: Génesis Ruta 210 N° 22545 (1856) Glew, Buenos Aires

FUNDACIÓN SAN CAMILO
Dirección: Independencia 6952 -
B1669FYT Del Viso - Prov. de Buenos Aires
Tel.: 02320 - 657475 / 02320 - 657447 //
e-mail: fundsancamilo@hotmail.com // fundsancamilo1@yahoo.com.ar // fundsancamilo@yahoo.com.

ASOCIACIÓN REVIVIR
SEDE CENTRAL: Av. Mitre 2465 1870 Avellaneda Pcia Bs. As. Tel. 4205-7932
SEDE BERNAL: 9 de Julio 225 Bernal Bs. As. Tel. 4252-33475
GRANJA 1: Ruta 8 Km 40 – Tortuguitas
GRANJA 2: Ruta 205 Km 57.500 Cañuelas

PROVINCIA DE ENTRE RÍOS

FUNDACIÓN AVE FÉNIX
Sr. Sergio D' Indio
Dirección: Andrés Pazos 634
(3100) Paraná, Entre Ríos
Tel.: 0343-4235132 0343-4977927

FUNDACIÓN LUZ DE VIDA
Sr. Antonio Enrique Bejarano
Dirección: Martín del Barco Centenera 711
(3100) Paraná, Entre Rios
Tel.: 0343-4351497
Email: fundacionluzdevida@hotmail.com

PROVINCIA DE SAN LUIS

ASOCIACIÓN LEVÁNTATE Y ANDA
Sr. Alejandro Baldovin
Dirección: Av. Salvador Segado 353-B
(5700) El Hornero, San Luis
Tel: 02652-455511
Email: levantateanda@yahoo.com.ar

FUNDACIÓN DE ACCIÓN SOCIAL
Sra. María Angélica Mazza de Rodríguez Saa
Dirección: Pje. Salta 1376
(5700) San Luis, San Luis
Tel.: 02652-422212
Email: fundacionaccionsocial@speedy.com.ar

PROVINCIA DE RÍO NEGRO

ASOCIACIÓN PROGRAMA ASUMIR
Sr. Ariel Lima Quintana
Dirección: Av. del Vado y Perú

(8402) Dina Huapi, Río Negro
Tel.: 02944-468343
Email: programaasumir@hotmail.com

PROVINCIA DE CÓRDOBA

ASOCIACIÓN PROGRAMA CAMBIO
Lic. Juan Carlos Mansilla
Dirección: Roma 650 (5000) Córdoba, Córdoba
Tel.: 0351-4520888 4524333
Email: info@programacambio.org
www.programacambio.org

ASOCIACIÓN CIVIL PROGRAMA ANDRÉS CÓRDOBA
Sr. Flavio González
Dirección: Simón Laplace 5226, Villa Belgrano, X5021FPH
Córdoba
Tel.: 03543-420281
Email: programaandrescba@hotmail.com

PROVINCIA DE CHUBUT

CADES - CAMINO DE ESPERANZA
Lic. Sandra Schmunk
Dirección: 9 de Julio 170 1° Piso Of. 3
(9120) Puerto Madryn, Chubut
Tel.: 02965-450118
Email: ctcades@infovia.com.ar
www.ctcades.com.ar

PROVINCIA DE LA PAMPA

CENTRO NAIM
Dr. Daniel Scafidi
Dirección: Calle 11 N°71 (oeste) (6360) General Pico, La Pampa

Tel.: 02302-433301
Email: secretaria_naim@hotmail.com

PROGRAMA GUADALUPE
Pbro. Ricardo Ermesino
Dirección: Mansilla 272 (6300) Santa Rosa, La Pampa
Tel.: 02954-420114
Email: programa.guadalupe@speedy.com.ar

PROVINCIA DE MENDOZA

COOPERATIVA DE TRABAJO CABLE A TIERRA
Dra. Nilda Astorga
Dirección: San Martín 6919 de Carrodilla, Luján de Cuyo, Mendoza
Tel.: 0261-4965523. Lic. Diana Calderón

FUNDACIÓN LIBERTAD
Dr. José Alberto Martínez
Dirección: Alte. Brown 130 (5570) San Martín, Mendoza
Tel.: 02623-421847
Email: fundacionlibertad@yahoo.com.ar

PROVINCIA DE CORRIENTES

FUNDACIÓN AMANECER
Dra. Myriam Alicia Martín
Dirección: Mendoza 1162 1°piso Corrientes, Corrientes
Tel: 03783-430206
Email: fund_amanecer@yahoo.com.ar

PROVINCIA DE SAN JUAN

PROGRAMA LIHUE
Lic. Raúl Ontiveros

Dirección: Tucumán 1806 (S)
(5400) San Juan, San Juan
Tel:. 0264-4213991
Email: programalihue@yahoo.com.ar

PROVINCIA DE TIERRA DEL FUEGO

REENCONTRÁNDONOS
Sra. Stella Lavenia
Dirección: Kuanip 841
(9410) Tierra del Fuego, Chubut
Tel.: 02901-443367
Email: reencontrandonos@hotmail.com

PROVINCIA DE SALTA

CENTRO PROVINCIAL INTEGRADOR SANITARIO (CE.PR.I.S)
Dirección: Adolfo Güemes 650 - Planta Baja
Tel.: 0387-4373106

ASOCIACIÓN BETANIA
Sr. Abel Fleming (Presidente)
Dirección: 10 de Octubre 543
(4400) Salta, Salta Tel: 0387-4310120
Email: asocbetaniasalta@yahoo.com.ar

PROVINCIA DE JUJUY

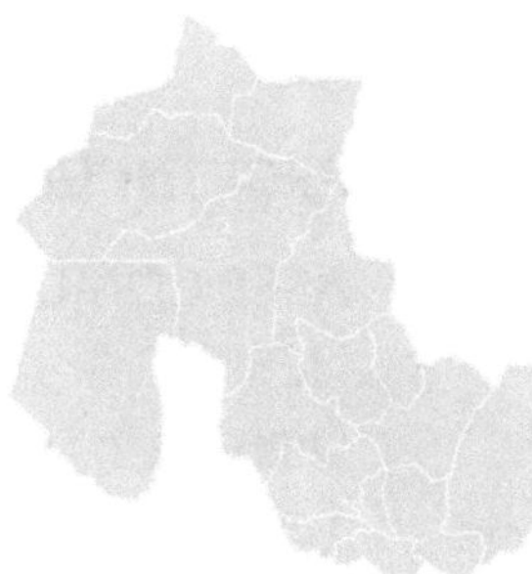

CENTRO VICENTE ARROYABE
Dirección: Ruta Provincial 45 - Coronel Arias
Tel.: 0388-4918314

PROVINCIA DE TUCUMÁN

ARIADNA CENTRO DE REHABILITACIÓN DE ADICCIONES
Dirección: Córdoba 191 - San Miguel de Tucumán
Tel.: 0381-4214074

PROVINCIA DE FORMOSA

COMUNIDAD TERAPÉUTICA DE TATANE
Dirección: 25 de mayo y Sarmiento - Formosa
Tel.: 03717-436201

PROVINCIA DE SANTIAGO DEL ESTERO

CENTRO MUNAYKI SANTIAGO
Dirección: Avenida Belgrano Sur 5300
Tel.: 0385-4318090

PROVINCIA DE CATAMARCA

CENTRO TERAPÉUTICO LA SALA
Dirección: Sumalao - Valle Viejo 4700 - San Fernando del Valle de Catamarca
Tel.: 0383-4437438

PROVINCIA DE NEUQUÉN

ASER COMUNIDAD TERAPÉUTICA ASISTENCIA EN ADICCIONES
Dirección: Los Malvones 360 - Barrio Alfa Borda
Tel.: 0299-43330643

PROVINCIA DE SANTA CRUZ

ASOCIACIÓN PROGRAMA ASUMIR
Dirección: Lavalle 1321 - Caletta Oliva
Tel.: 0297-4859147

PROVINCIA DE LA RIOJA

ASOCIACIÓN ABITUS
Dirección: Avenida Figueroa 1705 - La Rioja
Tel.: 03822-421531

COMUNIDAD TERAPÉUTICA JAURETCHE Y ANDA
Dirección: Km 433 - La Rioja Capital
Tel.: 0266-4020118

PROVINCIA DE CHACO

NARCÓTICOS ANÓNIMOS
Dirección: Arturo Illia 860 - Resistencia
Tel.: 0362-4205821

REMAR ARG. CENTRO CRISTIANO DE REHABILITACIÓN
Dirección: Avenida Alvear 2505 - Resistencia
Tel.: 03722-468265

PROVINCIA DE MISIONES

CONSULTORIOS EXTERNOS FUNDACIÓN PARA LA SALUD Y PROMOCIÓN DE LA SALUD EN ADICCIONES
Dirección: Bolívar 1205 - Posadas
Tel.: 03752-439843

CAPITULO 5

CAMPAÑAS DE PREVENCIÓN EN EL MUNDO

CAMPAÑAS DE PREVENCIÓN

Aprovechando el enorme potencial de influencia de los medios de comunicación estas campanas pretenden sensibilizar a la sociedad en especial a los jóvenes sobre el tema de las drogas además sirven como elementos complementarios y de refuerzo de otras actuaciones preventivas, escolar, familiar, etc., y sugieren en muchos casos formulas posibles de participación en la solución de estos problemas.

El diseño de estas campañas pretende que las mismas sean positivas no dramáticas no autoritarias y que cuenten con la presencia de los propios jóvenes, las campañas se realizan gracias a la inestimable colaboración de las agencias de publicidad y de los medios de comunicación que colaboran en forma altruista.

Los mensajes de cada campaña, como se expone mas adelante con detalle, tienen una concatenación lógica y se elaboran teniendo en cuenta la evolución del problema de las drogadependencias nuevas, nuevas pautas de consumo de manera que se ciñen a la realidad social de cada momento, tanto cuantitativa como cualitativamente, un hito en la comunicación social de nuestro país.

Los diversos estudios y evaluaciones realizadas sobre la incidencia de estas campañas, han reflejado datos muy positivos, el reconocimiento ha superado en todos los casos el 90%, la adecuación de los mensajes al público objetivo ha sido muy alta, como así lo indican los grados de aceptación manifestados en diversas encuestas, la calidad de la publicidad ha sido muy elevada y así lo corroboran los diversos premios concedidos a las campañas.

La respuesta en términos de superficie impresa, y tiempos de emisión prácticamente en todos los medios escritos y audiovisuales, ha sido extraordinariamente generosa.

Participan en las campañas prácticamente la totalidad de los medios de comunicación, televisoras públicas y privadas, cadenas radiofónicas, radios municipales, prensa nacional y local, revistas, vallas publicitarias, videos comerciales, anunciantes de aire, etc.

En el análisis de las campañas realizadas, se pueden encontrar dos puertos, las primeras de ellas como campañas testimoniales, en las que personajes famosos o jóvenes anónimos reaccionaban frente a las drogas, posteriormente y tras realizar una acción contra dos sustancias concretas el CANNABIS y la COCAÍNA se emprendió un nuevo enfoque especialmente dirigido a los jóvenes bajo el lema general NO estas nuevas campañas pretendían fomentar la necesidad de que la respuesta consciente ante el ofrecimiento de drogas sea un NO responsable, que nace de la libertad y del convencimiento personal de los jóvenes.

ALGUNOS NOMBRES DE CAMPAÑAS

1. **ENGANCHATE A LA VIDA:** Se le hace ver lo bueno de la vida.
2. **TESTIMONIO DE FAMOSOS:** Se pasan videos de famosos que salieron de las drogas.
3. **TESTIMONIALES DE ANÓNIMOS:** Se pasan videos de personas que fueron adictas.
4. **¿Y TÚ QUE OPINAS?**: Se piden a los concurrentes opiniones.
5. **NOS MEAMOS EN LA DROGA:** La droga te roba las ideas, la droga te deja desnudo.
6. **COCAÍNA Y PORRO:** Se hace ver el mal que hacen las drogas.

7. **TÚ ERES EL MÁXIMO RESPONSABLE:** Se eleva la autoestima.
8. **GALLINA, ATRÉVETE DÍ NO:** Se promueva a quitarse el miedo de decir NO a las drogas.
9. **HAY UN MONTÓN DE RAZONES PARA DECIR NO:** Se dan las razones para no consumir drogas.
10. **HABLA CON TUS HIJOS:** Se recuerda el hablar siempre con sus hijos sobre sus problemas.
11. **CONTROL:** Como controlas el deseo de probar las drogas.
12. **USO Y MAL USO DE LAS DROGAS:** Se ayuda a entender los efectos de las drogas.
13. **CONSECUENCIAS:** Se ayuda a entender las consecuencias negativas del uso de las drogas.
14. **RESISTIR PRESIONES:** Se pone en sobre aviso a los adolescentes de los tipos de presión que pueden hacérseles y aprender a decirles no a quienes ofrecen las drogas.
15. **TÉCNICA DE RESISTENCIA Y MANERAS DE EXPRESARSE:** Se enseñan formas de resistir la presión de los grupos.
16. **FORTALECER LA AUTOESTIMA.** Se ayuda a los jóvenes a comprender que la autoestima es el resultado de sentimientos y experiencias positivas y negativas.
17. **LA AFIRMACIÓN COMO ESTILO DE RESPUESTA:** Se enseña que la afirmación es un estilo de respuesta que permite a una persona afirmar sus derechos y no perder la autoestima.
18. **AFRONTAR EL ESTRÉS SIN CONSUMIR DROGAS:** Ayuda a reconocer el stress y sugiere la manera de enfrentarlo sin consumir drogas.
19. **INFLUENCIA DE LOS MEDIOS INFORMATIVOS:** Ayuda a realizar entendimiento necesario para analizar y resistir las presentación de los medios respecto al alcohol y la droga.-

20. **ALTERNATIVAS AL CONSUMO DE DROGAS:** Ayuda a enterarse de las actividades interesantes y útiles que son mejores que la ingestión de drogas.

21. **MODELOS:** Líderes estudiantiles con mayor edad y que no consumen drogas, hablan a los jóvenes y les hacen saber la idea errónea de que los consumidores de drogas son mayoría.

22. **RESISTIENDO LA PRESIÓN DE LOS GRUPOS:** Se ayuda a los jóvenes a identificar situaciones en que pueden ser objeto de la presión de los grupos y a evaluar las consecuencias de las elecciones que se le pueden plantear.

ALGUNOS TRATAMIENTOS EFECTIVOS USADOS EN EL MUNDO

PRINCIPIOS DE TRATAMIENTOS EFECTIVOS

1) **NO HAY UN SOLO TRATAMIENTO QUE SEA APROPIADO PARA TODAS LAS PERSONAS:** Es muy importante lograr una combinación adecuada del tipo de ambiente, las intervenciones y los servicios de tratamientos con los problemas y las necesidades particulares de cada individuo, para que dicha persona logre el éxito final regresando a funcionar productivamente en la familia, el trabajo y la sociedad.

2) **EL TRATAMIENTO DEBE ESTAR FÁCILMENTE DISPONIBLE EN TODO MOMENTO:** Ya que las personas adictas a las drogas pueden tener dudas sobre si comenzar o no un tratamiento es muy importante aprovechar la oportunidad cuando ellos indiquen que están listos para recibir tratamiento, se puede perder a potenciales candidatos para tratamiento si estos tratamientos no están disponibles inmediatamente o si no son fácilmente accesibles.

3) **EL TRATAMIENTO EFECTIVO DEBE ABARCAR LAS MÚLTIPLES NECESIDADES DE LA PERSONA NO SOLAMENTE SU USO DE**

DROGAS: Para ser efectivo, el tratamiento debe dirigirse al uso de drogas además de cualquier otro problema médico psicológico, social, vocacional y legal.

4) **EL PLAN DE TRATAMIENTO DEL PACIENTE DEBE SER CONTINUAMENTE EVALUADO Y DE SER EL CASO, MODIFICADO PARA ASEGURAR QUE EL PLAN SE MANTENGA A LA PAR CON LOS CAMBIOS EN LAS NECESIDADES DE LA PERSONA:** Un paciente puede requerir combinaciones de servicios u componentes de tratamientos que varíen durante el curso de su tratamiento y recuperación, además del asesoramiento o psicoterapia el paciente a veces puede necesitar medicamentos otros servicios médicos, terapia familiar, instrucción para ser mejores padres, rehabilitación vocacional y servicios sociales y legales, es esencial que la forma de tratamiento sea apropiada para la edad, el sexo, el grupo étnico y la cultura del paciente.

5) **PARA QUE EL TRATAMIENTO SEA EFECTIVO, ES ESENCIAL QUE EL PACIENTE LO CONTINÚE DURANTE UN PERÍODO ADECUADO DE TIEMPO:** La duración apropiada del tratamiento para una persona depende de sus problemas y necesidades, las investigaciones indican que en la mayoría de los pacientes se comienza a ver una mejoría significativa después de tres meses de tratamiento. Cuando se llega a este punto, los tratamientos adicionales, pueden lograr una recuperación acelerada. Ya que muchos personas con frecuencia dejan el tratamiento prematuramente, los programas deben incluir estrategias que comprometan y mantenga a los pacientes bajo tratamiento.

6) **LA TERAPIA INDIVIDUAL Y DE GRUPO Y OTROS TIPOS DE TERAPIAS DE COMPORTAMIENTO CONSTITUYEN COMPONENTES CRÍTICOS DEL TRATAMIENTO EFECTIVO PARA LA ADICCIÓN:** Durante la terapia los pacientes tratan sus problemas de motivación, desarrollan habilidades para rechazar el uso de la droga, reemplazan actividades donde se usan las dro-

gas por actividades constructivas y útiles en las que no entra el uso de drogas y mejoran sus aptitudes para resolver problemas. La terapia de comportamiento también facilita las relaciones interpersonales y mejora la habilidad del individuo para funcionar dentro de la familia y de la comunidad (enfoques con base científica para los tratamientos de la drogadependencia).

7) **PARA MUCHOS PACIENTES LOS MEDICAMENTOS FORMAN UN ELEMENTO IMPORTANTE DEL TRATAMIENTO ESPECIALMENTE CUANDO SE COMBINAN CON LOS DIFERENTES TIPOS DE TERAPIAS:** La metadona y el levo-alfa-acetilmetadol (LAAM), son muy efectivos para ayudar a aquellos individuos adictos a la heroína y a otros narcóticos a estabilizar sus vidas y reducir el uso de drogas ilegales. La naltrexona también es un medicamento eficaz para personas adictas al opio y para algunos pacientes que al mismo tiempo sufren de dependencia al alcohol. Para las personas adictas a la nicotina, los productos que la reemplazan (como los parches o chicles) o un medicamento oral (como el bupropion) pueden ser componentes efectivos de un tratamiento, mientras que la combinación de tratamientos y de medicamentos pueden ser de suma importancia para pacientes con trastornos mentales.

8) **EN CASO DE INDIVIDUOS CON PROBLEMAS DE ADICCIÓN O ABUSO DE DROGAS QUE AL MISMO TIEMPO TIENEN TRASTORNOS MENTALES SE DEBE TRATAR LOS DOS PROBLEMAS DE MANERA INTEGRADA:** Como a menudo se ven trastornos de adicción y trastornos mentales en un mismo individuo, aquellos pacientes que presentan cualquiera de las dos condiciones deben ser evaluados y tratados para la presencia simultánea del otro tipo de trastorno.

9) **LA DESINTOXICACIÓN MÉDICA ES SOLAMENTE LA PRIMERA ETAPA DEL TRATAMIENTO PARA LA ADICCIÓN Y POR SI MISMO HACE POCO PARA CAMBIAR EL USO DE DROGAS A LARGO PLA-**

ZO: La desintoxicación médica maneja cuidadosamente los síntomas físicos agudos del síndrome de la abstinencia, que suceden cuando se deja de usar alguna droga, aunque la desintoxicación por sí misma rara vez es suficiente para ayudar a las personas adictas a lograr abstinencia a largo plazo, para algunos individuos sirve como un precursor fuertemente indicado para el tratamiento efectivo de la drogadicción (tratamientos de drogadicción en los estados unidos).

10) **EL TRATAMIENTO NO TIENE QUE SER VOLUNTARIO PARA SER EFECTIVO:** El proceso de tratamiento puede ser facilitado gracias a una fuerte motivación, las sanciones o los premios dentro de la familia, del ambiente laboral o del sistema de justicia criminal pueden incrementar significativamente los porcentajes de individuos que entren y que se mantengan dentro de programas de tratamiento para la drogadicción así como el éxito de los mismos.

11) **EL POSIBLE USO DE DROGAS DURANTE EL TRATAMIENTO DEBE SER CONSTANTEMENTE SUPERVISADO:** Durante el período de tratamiento pueden haber recaídas al uso de drogas, la supervisión objetiva del uso de drogas y alcohol durante el tratamiento, incluyendo análisis de orina u otros exámenes, pueden ayudar al paciente a resistir sus impulsos de usar drogas. Esta clase de supervisión también puede proporcionar una evidencia temprana del uso de drogas para que el plan de tratamiento del paciente pueda ser reajustado. Dar a conocer los resultados de los informes a los pacientes que registren positivamente en los análisis de drogas, puede servir como un elemento importante en la supervisión.

12) **LOS PROGRAMAS DE TRATAMIENTO DEBEN INCLUIR EXÁMENES PARA EL VIH/SIDA, LA HEPATITIS B Y C**: La tuberculosis y otras enfermedades infecciosas, conjuntamente con la terapia necesaria para ayudar a los pacientes a modificar o

cambiar aquellos comportamientos que les ponen a ellos o a otros en riesgo de ser infectados: la terapia puede ayudar a los pacientes a evitar comportamientos de alto riesgo, también puede ayudar a las personas que ya están infectadas a manejar su enfermedad.

13) **LA RECUPERACIÓN DE LA DROGADICCIÓN PUEDE SER UN PROCESO A LARGO PLAZO Y FRECUENTEMENTE REQUIERE MÚLTIPLES RONDAS DE TRATAMIENTOS:** Tal como en otras enfermedades crónicas, la reincidencia en el uso de las drogas puede ocurrir durante o después de rondas exitosas de tratamiento, los pacientes pueden requerir tratamientos prolongados y múltiples rondas de tratamientos para poder lograr la abstinencia a largo plazo, y un funcionamiento completamente restablecido, participación en programas de autoayuda durante o después del tratamiento sirve de apoyo para mantener la abstinencia.

PERO AQUÍ LA GRAN PREGUNTA QUE TODOS SE HACEN ¿ ES EFECTIVO EL TRATAMIENTO PARA LA DROGADEPENDENCIA?

Además de parar el uso de las drogas, la meta del tratamiento es que el individuo vuelva a funcionar productivamente dentro de la familia, del trabajo y de la comunidad, las maneras de medir la eficacia del tratamiento típicamente incluyen los niveles de comportamiento criminal, el funcionamiento dentro de la familia, el trabajo y la condición médica, en general el tratamiento para la drogadependencia es tan exitoso como el tratamiento de otras enfermedades crónicas, como la diabetes, la hipertensión y el asma.

CAPITULO 6
AFICHES DEL MUNDO

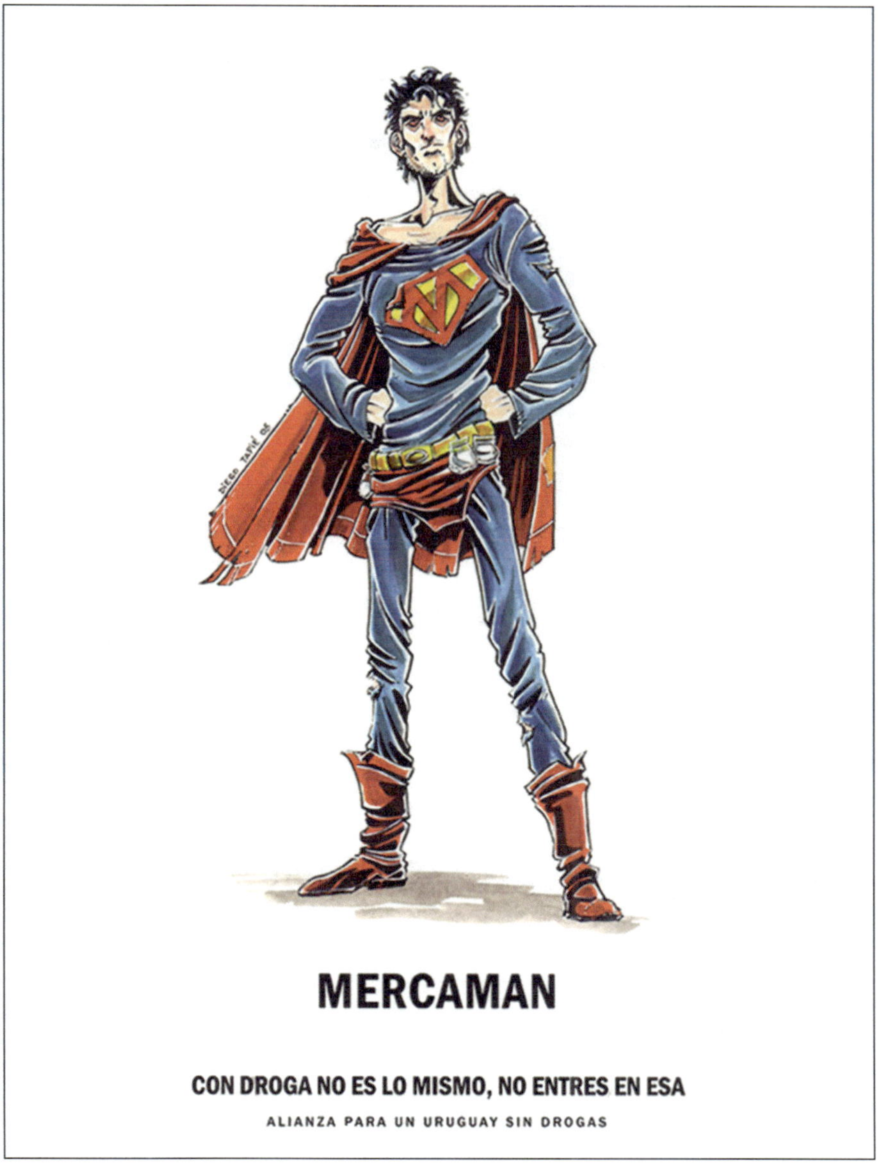

PASTAMAN
CON DROGA NO ES LO MISMO, NO ENTRES EN ESA
ALIANZA PARA UN URUGUAY SIN DROGAS

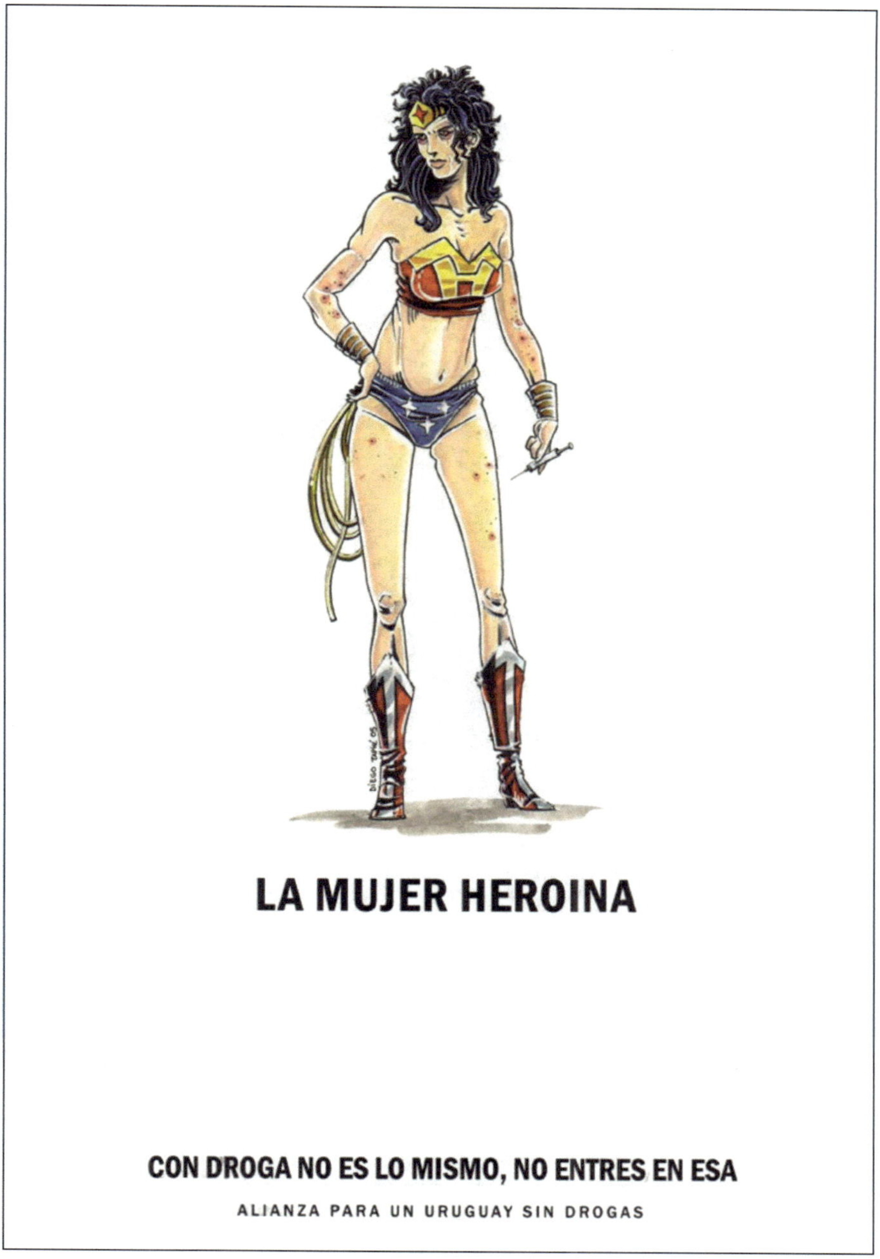
LA MUJER HEROINA
CON DROGA NO ES LO MISMO, NO ENTRES EN ESA
ALIANZA PARA UN URUGUAY SIN DROGAS

EL PORRO

CON DROGA NO ES LO MISMO, NO ENTRES EN ESA

ALIANZA PARA UN URUGUAY SIN DROGAS

Alianza para un Uruguay sin drogas

CAMPAÑA DE PREVENCIÓN DE
DROGAS
QUE NO TE MARQUEN LA VIDA
Infórmate, cuídate
y vive con responsabilidad!
PERFORMANCE TEATRAL
Martes 30 de Octubre · 12:00 m.
Charla de adicciones · 12:30 m.
EXPOSICIÓN DE AFICHES
Miércoles 31 de Octubre · 12 m.
Bienestar Universitario
Cerro Colorado
UNIVERSIDAD TECNOLÓGICA DEL PERÚ
AREQUIPA

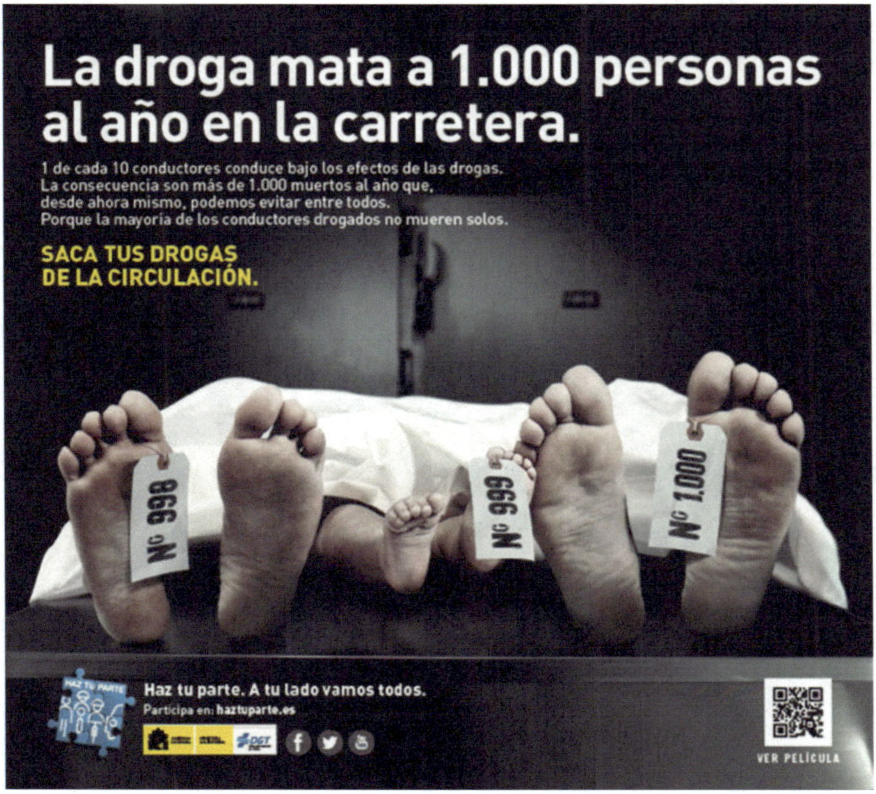
La droga mata a 1.000 personas al año en la carretera.
1 de cada 10 conductores conduce bajo los efectos de las drogas.
La consecuencia son más de 1.000 muertos al año que,
desde ahora mismo, podemos evitar entre todos.
Porque la mayoría de los conductores drogados no mueren solos.
SACA TUS DROGAS
DE LA CIRCULACIÓN.
Nº 998
Nº 999
Nº 1.000
HAZ TU PARTE
Haz tu parte. A tu lado vamos todos.
Participa en: haztuparte.es
DGT
VER PELÍCULA

Drogas. Hay trenes
que es mejor NO coger
pnsd

Si su hijo se droga,
no se preocupe.
Ocúpese.
Llame hoy mismo a Fundación
Manantiales e infórmese
de cómo ayudarlo.
Ellos están sufriendo
una enfermedad
de la que se
puede salir.
FUNDACIÓN
MANANTIALES
Br. Artigas 1141
Tel: 2400 3400
www.manantiales.org.uy

INSERT COIN?
LAS DROGAS
NO
SON UN JUEGO

Las drogas dejan un gran vacío.
ENTRAR EN LA DROGA ES ENTERRARSE VIVO.
SaludMadrid
Comunidad de Madrid
Campaña contra la Drogadicción

FAD FAD
FUNDACIÓN
DE AYUDA
CONTRA LA
DROGADICCIÓN.
PIENSA 900 16 15 15
LAS PERSONAS
CON PROBLEMAS DE DROGAS HOY EN DÍA
NO TIENEN NI EL ASPECTO
NI LOS PROBLEMAS QUE IMAGINAS

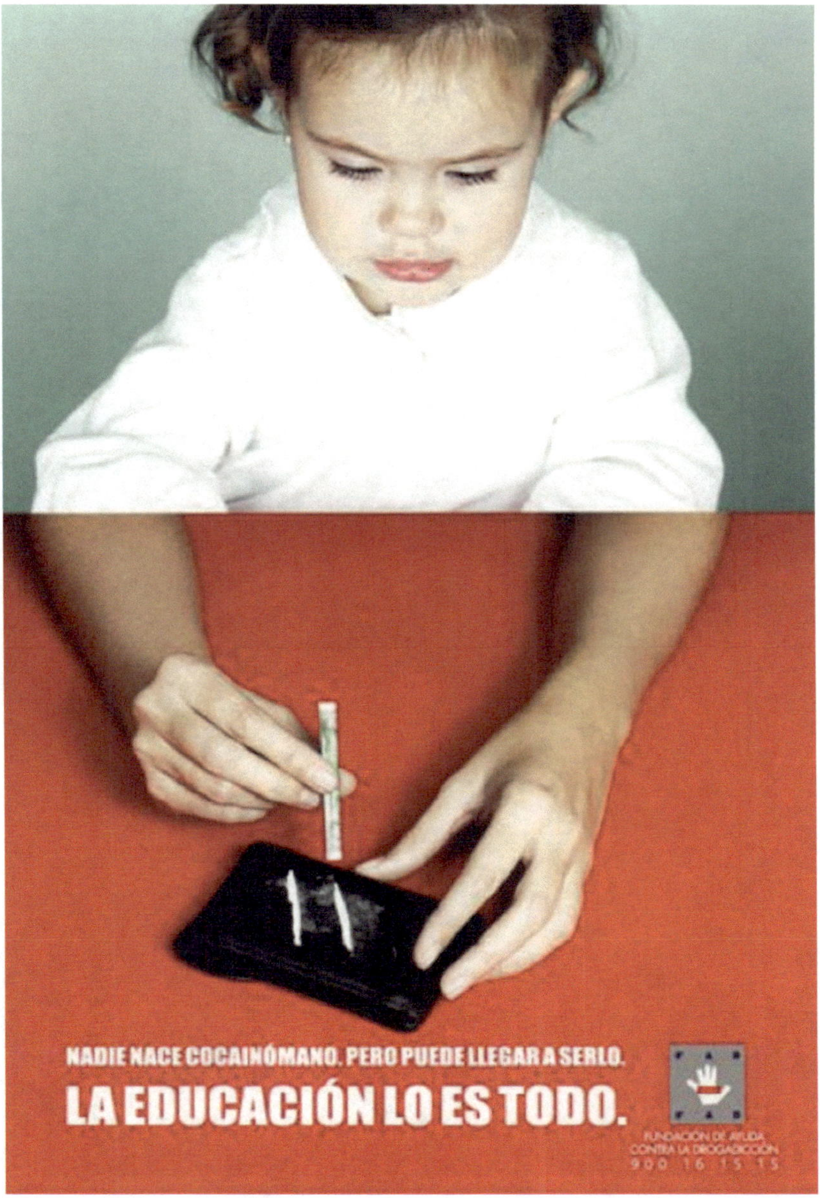
NADIE NACE COCAINÓMANO. PERO PUEDE LLEGAR A SERLO.
LA EDUCACIÓN LO ES TODO.
FUNDACIÓN DE AYUDA CONTRA LA DROGADICCIÓN
900 16 15 15

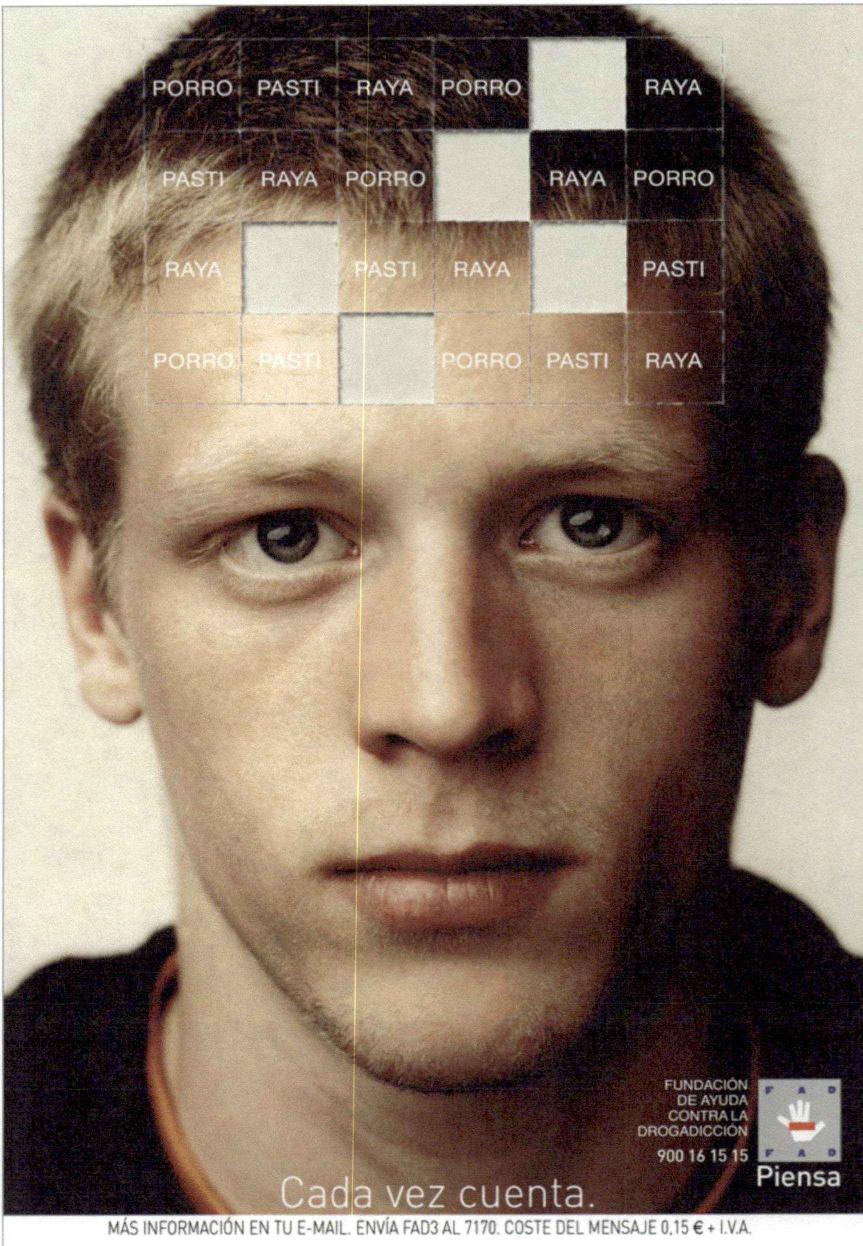
PORRO PASTI RAYA PORRO RAYA
PASTI RAYA PORRO RAYA PORRO
RAYA PASTI RAYA PASTI
PORRO PASTI PORRO PASTI RAYA
FUNDACIÓN DE AYUDA CONTRA LA DROGADICCIÓN
900 16 15 15
FAD
Piensa
Cada vez cuenta.
MÁS INFORMACIÓN EN TU E-MAIL. ENVÍA FAD3 AL 7170. COSTE DEL MENSAJE 0,15 € + I.V.A.

BIBLIOGRAFÍA

Diccionario de la droga: Vocabulario general y Argot, de Félix Rodríguez González, de editorial Arcos Libros.

Raves, drogas y reducción de daños, de Fermín Fernández Calderón Editorial Entre Líneas Editores.

Como trabajar con niños y familias afectados por las drogas, Pullan, Kathleen, Durant, Lucias, de editorial Nauce S.A de editores.

Toma mi hijo drogas, Daniel Blanco Fernández, de Editorial Formación Alcalá.

Fundamentos de prevención de adicciones, José Antonio del Castillo, de Editorial Edaf.

Drogadependiente con trastornos de la personalidad, guía de intervenciones psicológicas, José Miguel Martínez González, de editorial Desclee de Brouwer S.A.

De los porros al éxtasis ¿Qué estará tomando mi hijo?, José Rosado Ruiz, de Ediciones Aljibe.

Manual de las toxicomanías, Gabriel Nabias, Renaud Trouve, de Masson S.A.

Afiches de Alianza para un Uruguay sin drogas.

Fundación Manantiales.

Comunidad de Madrid.

Fundación de ayuda contra la drogadicción PIENSA.

Fundación de ayuda contra la drogadicción.

Made in the USA
Monee, IL
18 October 2026

66036011R00085